스마트폰 태블릿PC에서도 사용 가능한
파워블로거의 **블로그** 운영 고급 노하우

돈 되는 Blog

이영호 글

웅보출판사
www.woongbo.co.kr

이 영호(패션디자이너 빅터 리)

'패션디자이너 빅터리'로 활동하며 홍콩패션위크에서 세계 무대에 데뷔, 중국 남방TV에 한국 패션디자이너 최초로 초대받아 중국 및 홍콩 등지에 패션쇼가 생중계되며 중화권에 알려졌고, 행복패션브랜드 [콩나물] 콩나물KONGNAMUL® 이란 순우리말 브랜드로 세계 패션계에서 활동하고 있다.

패션스타일에 이야기를 담는 STYLE with STORY를 디자인 콘셉트로 하는 패션브랜드를 위해서 각 분야에 대한 활발한 탐구를 통해 얻은 지식을 직접 집필하여 책으로 출간하는 작가 활동을 병행하고 있다.

daum의 우수 블로거이기도 하면서 블로그 초보자를 위한 도서와 블로그를 통한 마케팅 방법을 다룬 도서를 집필, 연이어 베스트셀러가 되었고, 다수의 독자 블로거들로부터 블로그 운영의 고급 노하우에 대해 직간접적인 문의를 받던 중 현재와 미래의 모든 블로거를 위한 내용을 공개하기에 이르렀다.

2011년 서울대학교 한국디자인산업연구센터(KDRI) [유어트렌드] 패션 및 IT 트렌드 분야의 칼럼니스트로 활동했으며, 2010년 9월 [한국패션협회]에서 선정한 〈패션피플〉이기도 하다.

[MBC 손에 잡히는 경제] 출연에 이어, [EBS 다큐프라임], [SBS 그것이 알고 싶다] 등의 방송 출연과 月刊상공회의소, 중앙일보, 한겨레, 신동아 등 다수 언론에 소개되었다.

내 손 안의 패션쇼 [빅터리 쇼]
www.victorleeshow.com

글 들어가며

"당신의 블로그는 잊어라!
모바일 블로그와 돈 되는 블로그 만들기"

이제 블로그는 따분하다? 아니다. 블로그는 진화한다!

daum과 네이버 블로그에서 티스토리 블로그, 그리고 영어 블로그로 이동하며 블로그를 만들던 사람들은 블로그와 도메인 포워딩 서비스가 결합되면서 특정 포털 사이트에서 블로그를 만드는 대신 자신에게 맞는 서비스를 선택하게 되었다. 포털 사이트 블로그 서비스를 사용하면 해당 사이트 주소에 자신의 아이디나 블로그 이름을 따로 입력해야 했던 수고에서 벗어나 자신의 개성 넘치는 스타일대로 자유롭게 블로그를 꾸밀 수 있게 된 것이다.

많은 사람들이 사용하는 워드프레스(www.wordpress.com)나 구글(www.google.com) 등의 글로벌 사이트의 블로그 서비스를 사용하더라도 블로그 주소 대신 자신만의 도메인 주소를 포워딩(forwarding)하여 독립된 사이트로 변환하여 사용한다는 뜻이다. 블로그 대변혁이 일어난 것은 아니지만 선택의 폭에 있어서는 자유로워졌다는 사실이다.

그러면, 앞으로 블로그는 어떻게 변화할 것인가? 포털 사이트의 부속 서비스에서 개인의 홈페이지, 나아가서는 온라인 정보 교류의 장으로 성장한 블로그의 미래를 예상해 보도록 하자.

먼저, 마이크로 블로그로서 트위터(www.twitter.com)와 같은 단문 전송 서비스에서 점차적으로 블로그는 동영상 블로그로 변화할 것으로 보인다. 트위터에 글(트윗)을 올리면서 유튜브(www.youtube.com)에 올린 동영상 주소를 트윗에 넣어 링크할 수 있도록 걸어두고 자신의 트윗을 받는 팔로워들과 함께 자신이 올린 동영상을 감상하는 것처럼 사람들은 이미 동영상에 익숙해지고 있기 때문이다.

(1단계) 스스로 웹디자인을 하고 프로그램을 넣어서 만들어야 했던 개인 홈페이지에서 모든 기능과 메뉴를 단순 클릭만으로 만들 수 있게 된 포털 사이트 블로그

(2단계) 포털 사이트 블로그에서 간단한 HTML 코드를 사용해서 블로그 디자인을 꾸밀 수 있는 개인의 개성이 넘치는 독립형 블로그

(3단계) 세계인들과 같이 쓰는 글로벌 서비스들이 등장하면서 스마트폰과 태블릿PC를 통해 인맥을 만들고 온라인에서 교류하는 트위터, 카카오톡 등의 마이크로 블로그

(4단계) 문자 메시지 대신 이용하던 마이크로 블로그에서 단순한 텍스트 정보 소통이 아니라 단문 메시지 소통이지만 다양한 콘텐츠를 넣길 원하는 사람들이 이미지나 동영상까지 주고받게 되면서 동영상 블로그 시대로 거듭나는 중이다.

한 가지 주목할 점은 비상업성을 강조하며 정보 교류의 온라인 수단으로 시작된 블로그가 점차 돈을 벌고 프로페셔널 블로거가 등장하는 등 상업적인 면을 주목하게 되면서 더욱 많은 사람들이 블로그를 만들게 된 계기가 되었다는 사실이다.

다시 말하자면, 블로그 서비스의 초창기에는 사회의 각 분야에서 자기만의 전문 분야를 가진 전문가들이 그들의 지식을 블로그에 올렸고, 이를 통해서 다른 사람들과 교류하는데 만족했던 게 거의 전부였는데, 인터넷 사이트들이 게임이나 영화 감상, 아바타, 캐릭터를 즐기는 엔터테인먼트 성격에서 벗어나 '정보 검색'을 중요하게 여기게 되면서 블로그와 블로거를 대하는 인식 변화가 생겼다는 사실이다.

가령, 사람들이 포털 사이트에서 정보를 검색하면 이에 대한 자료들을 찾아주는 결과가 보여야 했는데, 이때 양질의 정보를 보여야 한다는 필요성이 부각되었다. 인터넷에서 쇼핑이나 검색, 경매 등 어떤 작업을 하더라도 '정보'가 있어야 했다는 걸 깨달은 것이다.

검색에 대한 답변 자료, 쇼핑에 대한 상품 정보, 경매에 대한 가격 정보 등, 인터넷 사이트들은 정보 부족의 문제점을 체감하면서 사람들에게 필요한 고급 정보를 제공해 줄 방법을 찾게 되었다. 이렇게 정보 콘텐츠를 확보하느라 다른 사이트들과 제휴하고 정보를 모으던 포털 사이트에서는 얼마 지나지 않아 밖에서 가져오는 정보의 한계가 있음을 깨닫고 자사 사이트 회원들 중에서 블로거를 지원하는 쪽으로 전략을 수정하기에 이른 것이다.

포털 사이트들로부터 다양한 지원을 받게 된 블로거들은 방문자 수를 확보하여 인기 블로거가 되고, 출판사로부터 집필 제안을 받거나 방송 출연, 강연 등의 수익 활동을 병행하는 일이 잦아졌다. 이때, 구글(www.google.com)에서는 애드센스(AdSense)라는 수익 공유형 광고상품을 이용하면서 다수의 블로거들을 확보하게 되었는데, 한국에

도 애드센스가 알려지면서 티스토리(www.tistory.com)와 같은 개방형 블로그가 주목받기에 이르렀다.

이후, 포털 사이트들은 티스토리로 옮겨가는 블로거들을 다시 불러오기 위해 포털 사이트 블로그 서비스를 이용하는 블로거들을 위한 광고 수익, 기사 작성료 등의 수익 나눔 상품을 출시하고, 방문자 수 면에서 포털 사이트 블로그의 장점이 필요한 블로거들이 다시 포털 사이트로 옮겨오게 되었다.

블로거들이 포털 사이트의 블로그를 사용하면서 블로그 방문자들과 실시간 소통의 필요성을 요구하게 되었고, 이 무렵 등장한 트위터, 카카오톡, 페이스북 등의 SNS에 집중하게 되었다. 그리고 블로그를 만들고 방문자들이 오기를 기다리는게 아니라 미니블로그인 트위터나 페이스북 등을 만들어 방문자들을 찾아 나서고 실시간 교류를 할 수 있는 장점에 매료된 것이다.

그 이후의 블로그는 2010년 이후로 다시 변화의 흐름을 보여주고 있는데, 그건 바로 유튜브와 스마트폰, 태블릿PC, 스마트TV로 이어지는 동영상 블로그 콘텐츠의 필요성이다. 텍스트 블로그의 최고점인 실시간 교류에 도달한 이상 남들과 다른 차별화된 정보를 보여야 하는데, 이때 사람들의 눈길을 끄는 게 바로 동영상(또는 오디오) 콘텐츠이다.

동영상 콘텐츠가 시장에서 주목받는 시기에 시장 변화를 빠르게 눈치 챈 구글에서는 같은 시기에 유튜브를 활용하는 동영상 수익 모델을 블로거들(사용자들)과 공유하겠다고 먼저 선수를 치고 나오면서 블로그 서비스에도 동영상을 소비하는 시장이 형성되는 중이다.

❖ 동영상 광고로 돈 되는 블로그

동영상을 유튜브에서 사용하고 유튜브는 동영상 제작자에게 동영상에 광고를 삽입하는 방식으로 일정 수익을 지급하기도 한다. 이 구조는 유튜브 서비스 이용자를 확산시킬 수 있는 주요한 방편이 되는 동시에 충성도를 높이는 방법이 된다. 사용자들이 자신의 동영상이 노출될수록 광고 수익이 높아진다는 사실을 알게 되면서 주위 사람들에게 유튜브를 소개할 것이고, 이를 통해서 자연스럽게 유튜브 이용자가 늘어나게 된다.

그런데, 블로그 콘텐츠를 활용하는 수익이 생기면서 블로거를 위한 새로운 시장이 형성되고 있는데, 그건 바로 전자책 시장이다. 세계 최대 인터넷서점인 [아마존]을 필두로 스마트폰과 태블릿PC에서 유료로 구매하여 다운로드받는 전자책 시장이 열리면서 전문 지식을 갖춘 블로거들의 블로그 사용 행태가 변화하기 시작한 것이다.

이와 같이, 동영상 콘텐츠가 수익 모델이 되면서 기존의 텍스트 형태의 콘텐츠를 활용할 수 있는 또 하나의 콘텐츠 시장이 열리게 되었는데, 그것이 바로 전자책 시장이다.

❖ 블로그로 돈 되는 전자책 만들기

애플社의 아이북스(iBooks)가 론칭되면서 전자책에 대한 관심이 더욱 늘어났다. 블로거들은 자신이 만든 블로그 콘텐츠를 사용하여 책으로 엮어내는 일이 많아졌는데, 다른 말로 북로거(Bookloger)라고 부르기도 하는 이 말은 블로그를 운영하는 사람들에게 작가라는 호칭을 하나 더 붙여주게 되었다.

그런데, 출판사들이 블로그를 검색해서 책을 기획하는데 도움을 얻고 필자로 블로거를 참여시키는데 멈추지 않고, 요즘엔 블로거들이 직접 자기 책 출판하기에 나설 환경이 되었는데, 유통망을 갖추고 적지 않은 자금이 들어가야 하는 오프라인 서점 유통용 도서는 어렵지만, 전자책, 스마트폰과 태블릿PC 등에서 구독할 수 있는 전자책의 형태가 주목받고 있는 것이다.

이러한 전자책 콘텐츠를 활용하는 방식은 각 스마트폰 애플리케이션 마켓에 올리면서 다른 사용자들이 다운로드를 유료로 받으며 수익을 발생시킨다. 이러한 전자책 거래를 통한 수익 시장을 위해 텍스토어, 교보문고 전자책, 앱스토어, 북씨 등 블로거가 활용할 수 있는 전자책 장터들이 점차 늘어나는 중이다.

자, 그럼 정리해 보자. 블로거들이 블로그를 활용하는 수익 모델은 어떤게 있을까?

❖ 파워 블로거가 돈 버는 숨은 노하우

블로거를 위한 수익 모델로 전자책과 동영상 광고 이 외에도 수익을 올리는 방법은 많다. 앞서 언급했지만, 파워 블로거(우수 블로거 등)들은 자신의 전문 분야에 따라 관련 기업체로부터 판매 상품에 대한 사용 평가를 의뢰받고 수당을 받기도 한다. 블로거가 활성화되기 전에는 각각의 리서치회사들이 기업으로부터 의뢰를 받아 사용자 평가단을 모집하고 신제품에 대한 평가를 기록하고 통계를 내어 기업에게 조사 결과를 전달하는 방식이 주효했는데, 블로거가 등장하면서 기업들은 리서치 회사들에게 의뢰하던 일을 블로거에게 맡기게 된 것이다.

그 결과 블로그 방문자들에게 제품 홍보 효과도 생기고, 일반 사용자보다 전문가적 지식을 보유한 블로거가 직접 평가한 제품 후기는 다른 소비자들에게도 전파력이 빨랐다. 동시에 제품에 신뢰도까지 생겼다.

블로거의 특성상 방문자 수, 블로그 인지도, 네이버와 daum 포털 사이트에서 검색되는 검색결과에 노출되는 블로그의 글들이 홍보 효과를 뒷받침해 주게 되어 리서치회사와 일을 했을 때보다도 훨씬 더 다양하고 폭넓은 연령층에게 인지도를 높이는 결과를 만들게 되었던 것이다.

이외에 블로거는 직접 글을 작성하지 않지만 블로그 운영 외적인 부분에서 수익을 만드는 일도 생겼다.

블로그 인지도를 바탕으로 각 사회단체 구성원을 맡게 되거나 강연 초청 등을 하게 되고, 블로그를 운영하면서 선보인 자신만의 전문지식과 인지도를 바탕으로 회사 입사를 권유받기도 하고 사업 제안을 받기도 한다. 블로그 하나로 얻는 파생효과가 기대 이상으로 크다는 뜻이다.

정리하자면, 이 책 [돈 되는 블로그]는 현재의 블로거를 위한 블로그 관리 노하우를 다루고 있는 동시에, 블로그의 미래 변화를 대비하여 동영상, 전자책 등을 활용하는 수익형 모델을 활용하여 스마트폰과 태블릿PC와 스마트TV로 무대에서도 사용 가능한 블로그 관리법을 제시한다.

블로그가 다양한 전문 정보를 선보이며 영향력 있는 1인 미디어로 시작했지만, 블로거가 만드는 정보가 축적되면서 그 양이 방대해짐에 따라 1인 정보 포털 사이트로 입지를 넓혔고, 일반적인 인터넷사이트처럼 광고를 유치하여 수익을 내는 단계에 접어들었다.

다음 단계는 블로그의 스피드가 강조될 것으로 보이는데, 마이크로 블로그로 불리는 트위터, 카카오톡을 비롯하여 소셜네트워크로 구분되는 페이스북이 블로그의 명맥을 발전시켰다면 이 다음 생태계는 스마트 기기를 중심으로 스피드가 강조되는 정보 포털이 될 것이기 때문이다.

이런 분석의 근거는 그동안 진행되어온 블로그 서비스의 역할을 살펴봐도 알 수 있다. 가령, 신문이나 방송을 넘어 인터넷이 하나의 매체(미디어)가 되면서 기존 매체가 다루지 않았던 숨은 유명인들이 인터넷에 노출되었는데, 인터넷 무대에 등장하면서 스타가 되고 인기를 얻는 이런 사람들을 따라하며 인터넷에 자신의 존재감을 심으려는 사람들이 많아지게 되었던 것이다.

초기에는 인기 인터넷 사이트에서 회원으로 활동하며 자신의 글이나 사진, 동영상들을 올리며 다른 이들에게 인지도를 쌓는 일 정도가 가능했는데, 점차적으로 인터넷에 콘텐츠를 올리는 사람들이 많아지면서 각 포털 사이트에서는 이런 수요를 위해 블로그를 시작하게 되었고, 신문이나 방송에 등장할 기회가 없던 다수의 전문가들이 자기만의 영역을 인터넷에 개척하면서 많은 인기를 얻게 된 것이다.

블로그 기능을 통한 포털 사이트 노출이 증가하면서 포털 사이트 기능을 넘어서는 포털 사이트가 특정 블로그를 집중 관리하게 되는 일이 벌어진 것인데, 이는 신문과 방송의 쇠퇴, 즉 다시 말해서 영향력 축소를 불러왔다.

말하자면, 신문이나 방송 매체가 인터넷에 정보를 공급하던 상황에서 인터넷 사용자들이 직접 정보를 공급하는 주체로 등장하게 되자, 포털 사이트 입장에서는 비용을 지불해야 하는 신문이나 방송 매체보다 개개인 사용자를 집중 육성하는 편이 더 이익이었으므로 포털 사이트의 전략과 인터넷 사용자들의 수요가 맞아떨어진 것이다.

블로거가 다수 등장하면서 포털 사이트에서는 파워 블로거(우수 블로거) 선정 등 블로거 관리에 나서게 되었고, 인터넷 블로그가 전문성과 내용적 가치까지 인정을 받게 되면서 신문이나 방송은 수익성이 더욱 악화되는 결과를 초래하게 되었는데, 결국 기존의 신문 매체들은 방송 시장을 넘볼 수밖에 없는 상황까지 이르고 말았다.

이를 극복하고자 신문 매체는 지면을 줄이고, 블로거들과 경쟁하는 대신 블로그 콘텐츠를 신문에 유입하려는 전략을 세우기도 했지만 종이 매체와 인터넷 매체와의 차별성은 블로거들에게 매력적인 요소가 될 순 없었다.

더구나, 기존의 신문, 방송 매체들이 정부의 눈치를 보며 권력과 유착된 모습이 하나둘 밝혀지고 그들이 생존하기 위해 광고주에 의존하는 편향적이었던 진실까지 드러나면서 블로거들은 보다 자유로운 인터넷 매체에 머무르려는 습성을 유지하게 되었다.

전문 식견을 갖추고 냉철한 판단 논리까지 갖춘 전문가들이면서 인터넷 블로거 외에도 현실적인 생업을 가졌던 블로거들은 광고주의 압력을 받을 일도 없었기 때문에 그만큼 사회를 바라보는 시선에 대해 자유로운 배경을 갖췄던 것이다. 신문이나 방송 매체들이 광고에 얽매여 광고주 입맛대로 펜대를 사용하던 예전의 상황과는 전혀 달라졌다는 뜻이다.

더구나, 대기업 광고주들은 이러한 시대적 변화를 눈치 채고 신문, 방송 매체와 인기 블로거까지 관리하고자 직접 인터넷 홍보 무대에 나서게 되었다는 상황도 기존의 신문 방송 매체, 특히 신문 매체들이 생존을 걱정하게 만들었다. 신문 매체 입장과는 사정이 조금 더 나은 방송 매체는 현재까진 블로거와 다른 생태계에 머물러 있는데 이 역시 물론 안심할 상황이 지속되는 것만은 아니라는 걸 알 수 있다.

텍스트 위주의 정보를 가공하던 블로거들이 스마트폰을 공급받고 DSLR을 통해 풀HD 영상을 제작하게 되면서 동영상 콘텐츠의 허브로 인정받는 유튜브까지 가세하며 사용자들에게 수익 몰아주기에 나서는 상황인 동시에, 방송 시장은 신문 매체가 방송으로 진출한 종합편성 채널 형태로 가세하여 더없이 경쟁이 치열한 상황이 되어버렸기 때문이다.

결과적으로 신문, 방송, 인터넷 매체가 너나 할 것 없이 경쟁 관계에 서게 된 상황에서 각 매체의 생존은 그들이 원하는 소비자, 즉 시청자, 구독자, 블로거를 유입해야 가능하다는 절박함까지 생겼다. 우리나라에 방송통신위원회가 생겨나고 신문, 방송, 인터넷이 하나의 영역이 되어버린 방송 통신의 융합 시대가 되었다는 뜻이다.

❖ 블로거들의 미래는 어디로 갈 것인가?

❶ 앞으로 블로그를 만드는 사람들은 계속 늘어날 것이며, 블로거를 유치하려는 인터넷 환경은 더욱 확대될 것이다. 컴퓨터를 무대로 활동하던 포털 사이트들

이 스마트폰과 태블릿PC 그리고 스마트TV로 이어지는 모바일 환경에서 우위를 차지하고자 생존을 건 치열한 다툼을 벌이는 것도 이를 설명한다.

❷ 정보나 상품의 유통 단계가 무너지면서 소비자가 생산자가 되는 동시에, 공급자가 수요자가 되는 시장에서는 생태계 조성이 가장 중요해진다. 인터넷에서는 플랫폼이라고 부르는데, 특정 소비자를 제한할 것이 아니라 거래처가 곧 소비자가 되고, 납품업체가 다시 바이어가 되는 경제 주체들의 융합이 되어버린 까닭이다.

❸ 블로거들이 인터넷 환경을 지배하면서 생산과 소비를 동시에 누리는 자급자족 환경이 만들어지게 된다. 인터넷은 기업이 아니라 국민이라면 누구나 마땅히 이용해야 할 사회적 인프라로 여겨질 것이며 정보의 바다가 아니라 정보의 도서관, 정보의 공동 장터가 될 것이다. 블로거들을 위한 환경으로 변모한다는 뜻이다.

이 책에서는 블로거를 위한 생태계로 바뀌어가는 인터넷 환경에서 블로거들이 어떻게 대응하고 어떤 전략을 세워야 하는지 말하며, 블로거에게 필요한 기능을 설명하고 있다. 스마트폰과 태블릿PC를 넘어 스마트TV시대에 이르면서 본격적인 동영상 콘텐츠 제작에 나설 블로거들을 위한 동영상 제작법은 물론이고, 모바일 환경에 필요한 전자책 만드는 방법을 기술했다.

무엇보다도 현재의 블로그 환경을 정확하게 진단하고 각 블로거들이 사용 목적에 맞는 활용 계획을 세울 수 있도록 네이버, daum, 티스토리, 트위터, 페이스북을 집중 분석했다.

물론, 제한된 페이지로 구성된 이 책이 모든 블로그의 과거와 현재, 미래를 담을 수는 없다. 그러나, 필자 자신이 블로거로서 지난 수년 동안 블로그 생태계를 경험한 노하우를 바탕으로 독자들에게 IT 인터넷 환경의 변화를 고려하여 준비하라고 제시하는 다양한 정보들이 블로그 초보자뿐만 아니라 블로거 사용자들에게도 작은 도움이 되기를 바란다.

이 영호

PART A

파워 블로거의 숨은 노하우

contents

contents

PART B

돈 되는 블로그 만들기

PART

A 파워 블로거의 숨은 노하우

누구나 하는 블로거 말고, 파워 블로거가 되려면

파워 블로거는 인지도가 높은 블로거를 말한다. 방문자 수가 많다는 점은 차치하고서라도 블로그 운영자 스스로 만든 콘텐츠가 많으며 정보의 양뿐 아니라 정보의 수준이 높은 블로그를 말한다. 따라서, 모든 블로거가 자신의 정보로 구성한다면 그 자체가 파워 블로거로서 자격이 있는데, 포털 사이트 등에서 지정하는 파워 블로거의 의미와는 다르다.

파워 블로거가 어떤 사람들인가요?

파워 블로거는 우선 전문성, 시의성를 중심으로 블로그 콘텐츠를 만들고 블로그 운영하는데 있어서 관심의 끈을 놓지 않는 사람이다. 블로그를 시작한지 얼마 되지 않은 사람이나 블로그 운영을 오래한 사람이나 상관없이 블로그 정보의 내용에 따라서 파워 블로거가 될 수 있다.

이 구분 방법은 필자가 의미를 부여하는 파워 블로거로서, 포털 사이트에서 선정하는 파워 블로거와는 약간 다르다. 포털 사이트에서는 블로거들 중에서 정보의 업로드 시기와 정보의 양 그리고 다른 블로거들의 방문 횟수와 정보의 가치 등을 기준으로 파워 블로거를 선정한다. 3개월 이상 블로그를 운영하고 업로드 된 콘텐츠 양이 100여 개가 넘어야 하는 등 파워 블로거로 선정되기 위한 기본 조건이 필요하다.

파워 블로거의 돈 버는 법

수익을 얻기 위해 파워 블로거가 되는 것은 아니다. 정보 공유라는 비상업성 목표를 갖고 다른 인터넷 이용자들과 온라인 상에서 의견 교환을 목적으로 블로그를 운영한다는 게 맞다. 그런데, 파워 블로거가 되면서 인터넷에서 영향력이 생기게 되면 블로거가 원하던, 원하지 않던 간에 수익이 생기게 되는데 이는 인터넷 사이트들이 광고를 유치하거나 콘텐츠 사용에 대한 유료 서비스를 운영해서 수익을 벌어들이는 것과 같다.

다시 생각해 보면, 인터넷 사이트가 방문자 수를 늘려서 광고를 통해 수익을 올린다는 그 밑바탕에는 블로거들이 만든 정보를 활용한다는 의미가 있으므로, 인터넷 사이트의 수익이 된 근본적 정보 제공자에게 수익이 돌아가야 한다는 것은 금지해야 할 사안이 아니다. 따라서, 파워 블로거로서 방문자 수가 많고 블로그 구독자들이 많은 일정한 위치의 블로그들은 정보 제공으로 인한 수익을 얻는 게 당연하다고 봐야한다는 것이다.

블로거의 수익은 어떻게 생길까?

(1) 광고 유치

먼저 광고 유치에 따른 수익이다. 파워 블로그는 방문자 수가 많다. 이는 블로그에 담긴 정보의 양과도 직결되는데, 요리 분야나 IT 분야 블로그가 특히 방문자 수가 높다.

그 이유는 인터넷 이용 시간이 상대적으로 자유로운 주부들이 아침 시간과 오후 시간에 인터넷을 통해 요리 정보를 검색하고, 누군가 만들어 올려둔 요리방법을 하나씩 그대로 따라해 보면서 식단을 준비하는 경우가 많은데, 이로 인해서 요리 정보를 꾸준히 새롭게 올리는 블로그들이 파워 블로거가 되는 일이 많이 생겼으며, 인터넷 분야 자체가 IT 분야이므로 인터넷을 사용하는 사용자들이 다양한 IT 정보를 얻기 위해 IT 블로그를 찾게 되면서 방문자 수가 늘어났기 때문이다.

블로그 광고는 블로거와 광고주가 협의하여 위치를 정한다.

블로그 글의 제일 위에 위치하거나 광고주가 홍보되기를 원하는 상품과 관련 내용이 노출되는 텍스트 사이사이에 광고가 들어가기도 한다. 광고의 위치는 광고료와 상관있는데 광고를 표시하는 기간과 크기, 이미지와 텍스트로 구분되는 광고 형태도 고려한다.

단, 광고주와 직접 상담이 어려운 블로거들은 광고에이전시와 제휴하여 배너 형태의 광고를 유치, 클릭당 수수료를 받거나 기간별 일정 광고를 받는다.

광고에이전시는 다수의 광고주들과 거래하며 제품에 맞는 블로거를 선별하여 광고를 진행한다. 광고주로서는 개별적으로 다수의 블로거를 관리할 때보다 업무적으로도 편리하며, 블로거들 역시 매 건마다 광고주들과 상의하여 광고를 관리해야 하는 불편에서 벗어날 수 있다.

(2) 제품 사용후기

블로그의 1인 미디어 특성을 살린 수익 모델이 바로 제품 사용후기 방법이다. 이 방법은 주로 인터넷쇼핑몰 관련 정보를 홍보하거나 신제품에 대해 사용을 해보고 관련 경험을 블로그에 올리는 방법으로 사용되는데, 인터넷쇼핑몰 운영자들은 자신만의 블로그를 개설해 쇼핑몰에서 판매하는 상품에 대한 글을 올린 후 쇼핑몰 주소로 링크를 걸어주는 방법을 주로 사용하기도 한다.

물론, 블로그에서 홍보하는 대상이 인터넷쇼핑몰이 아닌 경우도 다수 있는데, 블로그 글의 홍보력에 대해 필수불가결하다는 걸 깨달은 출판사들 역시 블로그 홍보에 참여하고 있다는 점이다. 다만, 출판사에서 직접 개설하여 운영하는 블로그는 인터넷의 마케팅 특성을 잘 모르는 탓에 신간 소개나 책 내용 소개, 관련 보도자료 등을 올리는 수준에서 마치는 경우가 대부분이긴 하지만 말이다.

이와 비교하여, 일부 출판사들은 블로그 전문 마케팅업체와 제휴하여 매번 신간을 출시할 때마다 블로그 마케팅을 적절하게 사용하고 있기도 하다. 가령, 다수의 파워 블로거를 제휴파트너로 보유한 블로그 마케팅업체에게 신간 소개와 보도자료를 건네고, 신간서적을 배포하여 독서 후 소감을 블로그에 올려달라고 의뢰한다.

이때 제휴 블로거들은 책에 대한 좋은 점 위주로 사진을 포함하여 세세한 평가를 작성하여 블로그에 올리게 되는데 관련 분야 및 도서명 검색 시에 관련 블로그 글들이 포털 사이트 첫 페이지 상위 목록에 노출되는 효과가 있다.(모르는 사람이 보기엔 많은 블로거들이 제품 후기를 올릴 정도면 유명한 책이구나 하는 착각을 받게 된다.)

단, 한 가지 알아둬야 할 것이 있는데, 책 이름 검색이나 상품명 검색을 했더니 검색 페이지 상위에 노출되었다고 좋아할 만한 것은 아니라는 점이다. 온라인 광고 마케팅 담당자이거나 출판사 등에서도 꼭 알아두도록 하자. 내가 출시한 상품(도서 포함)의 제목을 정확하게 적어야만 인터넷 검색 페이지 상단에 노출된다는 것은 문제가 있는 경우가 많다는 뜻이다.

인터넷 검색은 사용자가 검색어를 입력할 경우 포털 사이트를 비롯하여 검색 영역으로 지정된 범위 내에서 같은 단어 위주로 결과를 표시한다. 따라서, 특정한 상품명을 입력하면 해당 단어 위주로 검색된 결과를 검색결과 페이지에 순서대로 나열하는 것이다. 다시 말해서, 일반인들이 잘 모르는 특정 단어일 경우에는 사람들에게 많이 알려지지 않았더라도 일단 인터넷에 올라온 글을 찾아서 상위 페이지에 노출한다는 뜻이다. 인터넷에서 검색했더니 상위 목록에 표시된다고 좋아할 게 아니라는 것이다.

그래서, 제품 사용후기 작성을 통한 블로그 홍보는 어떤 키워드로 노출되는가가 중요한 게 아니라 몇 개의 블로그가 후기를 작성했는가가 중요하다. 검색 후에 인터넷 페이지 상위 목록에 링크되는 게 중요하기보다는 많은 수의 블로거들이 해당 제품을 사용해 보고 후기를 올려주는 게 중요하다는 뜻이다.

물론, 대다수 블로거들이 돈이나 기타 사은품을 받고 작성해 주는 경우가 많지만 일반 사용자들은 그같은 사실을 잘 모르며 관심을 두진 않는다. 설령, 블로거들이 돈을 받고 올린 상품 홍보글이라고 하더라도 일단 제품에 대한 정보가 소개된 것이므로 특별한 거부감을 갖진 않는다.

[이게 광고]라고 알고 보는 게 아니라 이 제품에 대해 [어떤 정보]가 있는지 검색했기 때문이다. 하나의 블로그 뿐만 아니라 다른 여러 곳을 다니며 스스로 판단할 것이라고 여기는 사람들이 많기 때문이다.

인터넷에서 어떤 상품을 검색했는데 사용후기가 올라온 블로그가 보여서 클릭하고 내용을 본다고 생각해 보자. 그 사람은 이미 마음의 문은 반쯤 닫아두고 거짓 정보인지 광고인지 염두에 두면서 보게 될 것이다.

이때, 가장 중요한 것은 블로그에 올라온 글의 세세한 설명과 실제 소비자로서 사용해 보고 적은 글인지를 나타내는 느낌 전달이 중요하다. 그래야 보는 사람의 마음을 움직이게 할 수 있고 제품에 대한 닫혔던 마음의 문을 열게 된다. 한 두 개의 블로그에서 칭찬 일색으로 올려둔 글보다는 짧더라도 다수의 블로거가 참여해서 실제 사용후기를 적는 게 중요하다는 뜻이다.

(3) 공동구매

블로그 글 작성할 때 그 내용에 공동구매하는 쇼핑몰 주소를 링크하여 방문자를 유도하는 홍보 방법이다.

지난 2011년에 국내 모 포털 사이트 인기 블로거들이 제품 판매업체로부터 상품 판매 수수료를 받는다는 사실을 알리지 않고 블로그 방문자들을 대상으로 상품을 판매 중개했다는 사실이 알려지면서 사회적으로 이슈가 된 적이 있는데, 많게는 연간 수수료 수익이 10억 원 대에 이를 정도로 큰 소득을 올린 것으로 나타나 블로거의 순수성을 신뢰하며 제품 구매를 했던 사람들이 배신감을 가졌던 것이다.

이런 일화는(지금도 이어지는) 블로거의 수익 행위가 표면상으로 불거지기 훨씬 이전부터 암묵적으로 진행되어오던 관행과 같았는데, 제품 홍보를 원하는 기업과 다수의 방문자를 지닌 인기 블로거와의 수지타산이 맞아떨어지면서 진행된 거래 형태로 볼 수 있기 때문이다.

그러나, 인기 블로그 곳곳에 노출된 상품 홍보 배너 같은 광고들을 클릭하고 링크를 따라 가보더라도 대다수 경우엔 블로그 판매용 상품이 따로 있다는 사실을 알아야 한다. 기업에서 불특정 다수를 대상으로 판매하는 상품 종류 외에 제휴한 블로그 방문자들에게만 노출되는 상품들을 따로 관리해야 하는 필요성이 있기 때문이다.

생각해 보자. 기업에선 많은 거래처를 둔다. 종합쇼핑몰, 오픈마켓, 기업 자사 쇼핑몰 등을 통해 제품을 판다. 각양각색의 판매처들은 서로 다른 수수료율과 유통 방법 때문에 같은 기업의 제품이라고 하더라도 대부분의 경우 상품 가격이 일정하지 않다. 조금이라도 상품의 가격 차이가 난다. 이는 블로그를 통한 공동구매 상품들에게도 적용되는데, 상품 제조원가에 기업 수익과 블로거에게 줄 수수료까지 포함하여 제품 판매 가격을 결정하기 때문이다. 기업 입장에서는 또 다른 유통 판매처로써 블로거와의 제휴를 택했기 때문이다.

사람들은 그럼 이런 사실을 모르고 있을까? 그건 아니다. 다만, 블로거가 소개하는 상품이 가장 저렴한 가격일 것이라는 막연한 추측에서 다른 곳과 비교하는 일도 안 하고 가격 저항 없이, 제품 신뢰도를 믿게 되면서 지갑을 열게 되는 경우이다.

이유를 따져 보자. 만약 기업에서 블로거에게만 가장 저렴한 가격으로 상품을 판매한다고 할 경우 어떤 문제들이 생길 것인가? 가장 먼저 오픈마켓이나 할인마트, 종합쇼핑몰에서 가격에 대한 항의가 들어올 것이다. 차별을 두는 가격을 문제 삼아서 최소한 블로거에게 판매하는 정도까지의 가격 할인을 요청할 것이다.

그럼, 기업 입장에서는 어떻게 해야 할까? 그렇다. 기업은 블로거만을 위한 상품을 따로 만들어서 판매하거나 블로거들만 볼 수 있는 상품 페이지를 만들어서 운영한다. 기업과 제휴를 맺은 블로그 방문자들을 위한 쇼핑몰 페이지를 만들어서 특정한 가격대로 판매를 한다는 뜻이다. 그래야만, 나중에 정산하기도 좋고 기업 입장에서 다른 판매처와도 혜택 여부에 대한 문제 소지를 줄일 수 있다.

문제는 있다. 블로거들만을 위한 상품을 판매할 때 가격을 우선적으로 고려하다 보면 제품의 품질에 문제가 생길 위험이 있다.

까다로운 품질 검사를 요구하는 기존 판매처들과 다르게 기업의 설명을 믿고 적용하는 블로거를 활용하여 상품을 판매할 경우, 제품 소비자 가격이 낮아지면서 제품에 필요한 기능도 줄여야 하는 일이 생긴다는 것이다. 이에 대한 대비는 물론 1차적으로 기업과 제휴하여 공동구매를 진행한 블로거에게 있다고 하겠지만 2차적인 쇼핑 책임은 물건을 구매하면서 무조건 싼 가격만 찾은 소비자에게도 없다고만은 할 수 없다.

(4) 전자책, 사진화보 등, 책 출간

블로거의 콘텐츠는 책이 된다. 인기 블로거들의 경우 자신의 지식과 정보를 남들이 읽기 쉽게 글을 풀어서 잘 쓴다는 공통점이 있는데, 이런 글들을 보던 출판사 관계자들은 관련 내용을 엮어 책으로 만들 기획을 하고 블로거에게 접촉을 시도하는 경우가 잦다. 인터넷에 올린 정보가 오프라인 서점으로 책으로 만들어져서 판매된다는 기적(?)이 일어나는 것이다.

이때, 블로거에게 생기는 수익은 결코 적지 않은데, 초보작가인 경우 인세를 받게 되며 책 정가의 5~7% 선에서 수익을 얻게 된다. 인세 계약이 아니라면 매절계약이라고 하여 전체 원고를 넘기는 조건으로 특정 금액을 받는 경우가 있다.

인세를 받을 경우, 원천징수소득세는 사업소득일 경우 3.3%, 기타 소득일 경우 4.4%를 공제하게 되고, 사업소득에서 나머지 금액에 대해서는 종합소득세 신고를 한다. 블로거 외에 또 하나의 호칭으로 작가라는 타이틀을 받게 되는 순간이다.

(5) 전문분야 강연

블로거들은 각 분야의 전문가가 대다수인 탓에 정보를 올릴 경우 외부 강연 초청이 많다. 특히, 인기 블로거가 되면 온라인에서 인지도가 쌓이게 되고 이와 같은 인지도를 바탕으로 오프라인 강연에 나서게 되는 것이다. 이때, 강연료는 시간당

5~8만원대부터 20만원 내외가 되는 경우가 많으며, 많게는 시간당 100만원~150만원 정도 받을 때도 있다.

필자에게도 스마트폰 관련 강연 요청이 들어온 경우가 있었는데 30분에 150만원을 제안받은 기억이 있다. 이처럼 블로거가 인기를 얻는 동시에 인지도와 더불어 수익이 늘어나는 일이 대다수이다.

(6) 기업 마케팅 부서 취업

블로거의 수익은 금전적인 면에서만 국한되지 않는다. 20~30대 블로거인 경우 취업 문턱을 블로그를 이용하여 쉽게 넘는 사람도 많은데, 인기 블로거뿐 아니라 블로그 운영에 재능이 있고 능숙한 사람들은 각 기업체 온라인 홍보 마케팅 담당 부서에 취업의 문이 열려 있다.

위에서 언급했던 바대로 각 기업체들은 제품이나 서비스 상품을 소비자에게 홍보해야 할 필요가 필수적인데 이때 외부 대행 서비스 기업에게 의뢰를 할 경우 비용도 비싸고 자사 영업 정보가 외부로 새어나갈 위험이 있기 때문에 되도록 온라인 마케팅 담당 직원을 채용하려고 나선다.

온라인 마케팅 담당부서에서는 인터넷 포털 사이트에서 카페를 만들고, 블로그를 운영하여 대 고객 응대 홍보에 나서게 되고, 각종 온라인 이벤트를 기획하고 진행해서 온라인 고객을 오프라인으로 유도하는 전략을 세우게 된다. 주로 하는 업무는 온라인 홍보이지만 그 결과물은 제품의 매출에 직결되는 셈인 것이다.

여기까지 사전 정보로 기술한 내용들에 대해 이해되었는가? 그렇다면, 지금부터 각 사이트 별로 파워 블로거 되는 방법을 알아보도록 하자.

책을 읽는 것에서 그치지 말고 온라인에서 실제 사용 가능한 방법을 공개한다. 본 단락에서는 네이버, daum, 티스토리, 트위터, 페이스북을 설명하며, 트위터에서는 팔로워 늘리는 방법을 알아보고, 페이스북에서는 친구를 늘리는 방법을 소개하도록 한다.

[주] 지금부터 설명하는 내용들은 필자의 분석일 뿐이며, 네이버, daum, 트위터, 페이스북, 티스토리의 정책과는 전혀 무관함을 미리 밝혀둔다. 본 내용은 블로거로서 특정 사이트에 블로그를 만들고 운영함에 있어서 해당 사이트의 블로그 운영정책을 나름의 방법으로 파악하고 협력해 나아가는 방향 설정에 도움을 주고자 제시하는 관리 노하우일 따름이다.

1 네이버에서 인기 블로거 되는 법

네이버 블로그는 네이버 회원이라면 누구에게나 자동으로 생긴다. 네이버 회원이 되는 동시에 자신의 아이디를 주소로 블로그가 탄생하는 것이다. 다만, 자신이 사용하는 아이디 별로 블로그가 생기며, 예를 들어, 필자의 경우에는 designero@라는 네이버 아이디가 적용되어, 네이버 블로그 주소는 blog.naver.com/designero가 된다. 만약, 여러분들이 네이버에 또 다른 아이디가 있다면 그 역시 같은 아이디를 사용하여 네이버 블로그가 생긴다.

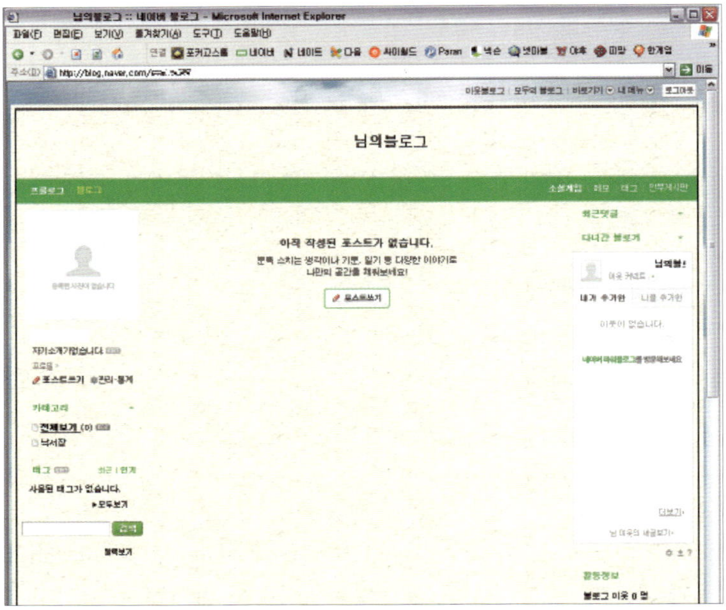

네이버 아이디를 주소로 하면 위의 그림과 같은 네이버 블로그가 생긴다. 블록 이동 방법은 네이버 로그인 상태에서 내 블로그 가기를 누르면 된다. 기본적인 형태만 갖춰진 상태로 디자인 변경이나 내용 구성은 다시 해야 한다.

다음은 네이버 블로그를 꾸며본 필자의 블로그이다. 앞서 아무 것도 없던 상태보다는 이미지도 바꾸고 내용도 추가했다. 이젠 필자의 블로그에도 방문하는 사람들이 하나둘 생기고 댓글도 남기며 소통이 시작되었다.

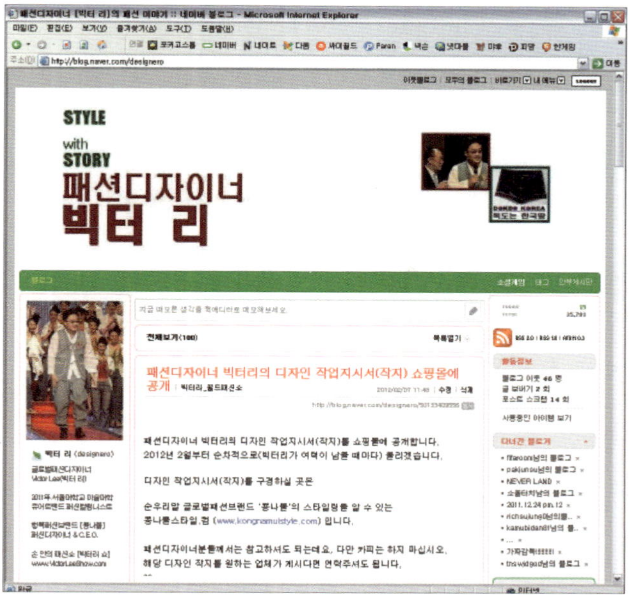

지금부터 네이버 블로그를 분석해 보며 인기 블로거가 되는 방법에 대해 살펴보자.

1 네이버 블로그의 장/단점

네이버 블로그의 장점과 단점에 대해 알아보자. 네이버에 블로그를 만들고자 할 때 내게 이로운 부분은 무엇이며, 내가 염두에 둬야할 부분은 무엇인지 알아 두자. 누구나 블로거가 될 수는 있지만 누구나 인기 블로거가 되진 않는다. 그 이유는 바로 블로그를 운영하는 블로거의 전략에 있다. 네이버 블로그를 살펴보며 내가 적극 활용해야 할 부분은 무엇인지 배우도록 한다.

(1) 장점

네이버는 '검색'을 중심으로 사람들이 많이 찾는 인터넷 사이트이다. 이 점에 대해선 많은 사람들이 이의를 제기하지 않는다. 그래서, 네이버를 통해 지식을 얻고 과제를 해결하며 다양한 콘텐츠를 즐기는 사람들이 많다.

네이버의 장점은 무엇보다도 이용자 수가 많다는 점이다. 그만큼 내 블로그를 찾는 방문자 수가 적지 않을 것이며, 블로그 하나만 잘 이용하면 웬만한 사이트보다도 더 많은 방문자를 확보할 수 있고 그로 인해 인기 블로거가 될 기회가 더 많아지게 된다.

이에 대한 구체적인 검색 통계를 소개하자면 2011년 10월 코리안클릭(www.koreanclick.com) 자료에 의하면 페이지뷰 점유율 1위는 네이버(www.naver.com)로 55.6%, 2위는 daum(www.daum.net) 33.3%, 3위는 네이트(www.nate.com)로 11.1%를 기록했다. 검색 점유율 역시 네이버로 69.9%로 1위를 지켰는데, 2위는 daum으로 19.12%를 기록했다.

통계상으로 볼 때 네이버는 인터넷 이용자들 중에서 근 70%에 달하는 사람들이 검색 서비스를 이용하고 있으며, 네이버에서 검색된 각 페이지뷰 역시 절반을 넘어서는 비율을 차지하고 있다는 걸 알 수 있다.

검색률과 페이지뷰가 약간 차이가 나는 이유는 네이버에서 검색한 결과 daum과 네이트 등의 콘텐츠까지 동시에 보여주게 됨으로써 네이버 이용자들이 daum이나 네이트 쪽으로 링크해서 이동했다는 걸 유추할 수 있다.

정리하자면, 네이버에 블로그를 만들면 높은 검색률에 힘입어 내 블로그 글들이 네이버에서 검색될 가능성이 더 높다는 점을 알 수 있다. 물론, daum이나 네이트에 블로그를 만들어도 네이버에서 검색될 수는 있지만 위 통계에서 나타나듯 링크 이동 비율은 비중을 둘 정도는 아니다.

(2) 단점

네이버 블로그의 단점은 네이버 위주로 블로그를 운영해야 한다는 점이다. 이는 대부분의 인터넷 기업들에게서 발견되는 공통점이기도 한데, 가령, 네이버에서 daum이나 구글, 네이트 등의 사이트에 대해 언급하는 글을 블로그에 올릴 경우 검색에서 차지하는 비율을 기대하기 어렵다.

네이버 사용자들을 위한 블로그가 되어야 하고, 네이버에서 검색하는 사람들이 다시 네이버에 찾아올 수 있도록 유지하는데 도움 되는 정보를 담는 블로그가 되어야 한다. 이 말은 네이버에서 블로그를 만들면서 네이버를 통해 정보를 검색하는 사람들의 입맛을 고려해야 한다는 의미가 될 수도 있다.

네이버에 블로그를 만들었는데, 생각만큼 내 블로그에 방문자 수가 찾아오지 않는다고 생각된다면 이 말을 눈여겨보고 다시 한 번 더 자신의 블로그 내용을 살펴보자. 네이버에서 정보 검색을 주로 이용하는 사람들에게 도움 되는 내용인가, 아니면 자신의 신변잡기를 위주로 지극히 개인적인 의견을 적은 내용인가? 문제점이 보일 것이다.

2 네이버 블로그의 효과적인 레이아웃

네이버 블로그를 만들면서 레이아웃 기능을 이용해 본 적이 있을 것이다. 예를 들어, 네이버 블로그 레이아웃 관리 메뉴는 다음과 같다.

필자가 사용하는 블로그 레이아웃 구성을 살펴보자. 여러분의 것과 어떤 점이 다른가? 그리고, 이번엔 네이버 첫 페이지 구성 형태를 살펴보자.

필자의 블로그 구성은 네이버 첫 페이지 구성과 크게 다르지 않다. 혹시, 여러분 중에 굳이 차별점을 찾기 위해 필자 블로그는 세로 세 줄 형태이고, 네이버 첫 페이지는 세로 두 줄 형태이지 않은가? 반문할 사람이 있겠는데, 이 경우 네이버 메뉴 아무거나 하나 클릭하고 두 번째 페이지로 이동해 보자.

이번엔 어떤가? 네이버 블로그 메뉴 첫 페이지에 왔더니 필자의 블로그 구성과 같다. 여러분의 블로그 구성을 지금 살펴보자. 그리고, 네이버 블로그 첫 페이지와 다른 구조라면 되도록 네이버 블로그 페이지의 레이아웃 구조와 유사하게 만들자.

그 이유는 위에서 설명한 대로 최대한 '네이버스럽게' 만들어야 하기 때문이다.

생각해 보자. 네이버를 무대로 인터넷을 주로 사용하는 사람들이 내 블로그에 왔을 때 레이아웃 하나만으로도 어떤 느낌을 갖게 할 것인가 고려해야 한다. 네이버 각 사이트 내에서 익숙한 메뉴 구성과 같은 레이아웃일 경우와 그렇지 않을 경우가 있을 때 여러분이라면 어느 쪽 블로그 구성에 안정감을 느끼고 신뢰도를 줄 것인가?

또한, 네이버 블로그의 캐치프레이즈를 보면 "누구나 쉽게 표현하는 세상"이 목적이란 걸 알 수 있다. 이 말은 네이버에서 모든 형태를 구성하고, 이용자들은 갖춰진 틀 안에서 내용만 담으면 된다는 생각을 해볼 수 있다. 네이버에서는 튀지 않는 게 가장 튀는 전략인 셈이다.

3 네이버 블로그에서 메뉴 구성 노하우

네이버 블로그 메뉴 구성도 앞에서 설명한 레이아웃 방법과 크게 다르지 않다. 최대한 네이버 레이아웃 구성 방식을 따라가되 내 블로그의 내용을 표시하는 특징을 메뉴로 구성하는게 좋다.

예를 들어 보자. 네이버에서 [빅터리 쇼]를 검색해 보면 아래와 같다.

세로 세 줄 구성에 중앙 영역에는 각 항목별로 3~4줄 형태의 요약 설명을 노출시켜 주고 있다. 사람들은 네이버에서 검색을 할 때 필요한 정보를 일목요연하게 정돈된 상태로 볼 수 있으며, 검색결과를 다시 왼쪽 카테고리 분류를 클릭해서 필요한 자료의 이용이 가능하다.

내 블로그를 만들기 전에 우선 네이버의 메뉴 구성 목적을 생각해 볼 필요가 있다. 네이버는 왜 검색결과 페이지를 이렇게 구성했으며 사람들은 이런 형태의 검색페이지에 만족하는 것인가 말이다.

그건 다름 아닌, 여러분들의 인터넷 이용 습관에 달려 있다. 필자의 설명에 따라서 여러분의 이용행태가 같은지 다른지 생각해 보자.

1단계 : 포털 사이트에 접속해서 검색 창 보기

2단계 : 검색할 내용이 없으면 뉴스캐스트 영역 살펴보고 주요 뉴스 체크하기

3단계 : 이메일을 확인할 게 있으면 로그인 영역 살펴보기

4단계 : 카페나 블로그, 지식iN으로 이동하기 전에 눈에 들어온 이미지 살펴보기

5단계 : 자신이 관심 있는 메뉴로 이동하기

이렇게 이동하게 된다. 각 단계별로 이동할 때 여러분의 시야에는 현란하게 움직이는 배너광고도 들어올 것이며, 정보와 뉴스처럼 보이는 텍스트 광고도 잡힐 것이다. 네이버 카페나 블로그로 이동할 때 마우스를 옮기다 보면 다시 한 번 더 메인 배너광고를 지나게 되며, 뉴스캐스트 영역에 속보로 뜨는 뉴스와 검색 창 바로 아래에 인기 검색어도 들어오게 된다.

이런 움직임을 네이버 첫 페이지에 접속한 상태에서 순서대로 표시하자면 **좌상(左上) ➤ 중앙 ➤ 우상(右上) ➤ 중앙 ➤ 좌상(左上)**이 된다. 대다수 이용자들이 이 순서대로 이동하며, 다른 경우 자신의 목표 메뉴로 바로 이동하게 되는데, 쇼핑 등이 이에 해당된다.

그렇다면, 이제부터 검색결과 페이지로 다시 이동해서 각 위치에 어떤 메뉴가 있는지 살펴보도록 하자.

위에서 언급한 이동 경로 대로 시선을 옮겨보면 **네이버 로고 ➤ 검색어 ➤ 검색결과 ➤ 실시간 급상승 검색어 ➤ 검색결과 분류 메뉴**로 이뤄진 것을 알 수 있다. 여러분의 시선을 기가 막히게 따라잡으며 여러분에게 필요한 메뉴들이 위치해 있다는 걸 알게 된다.

자, 그럼 이번엔 여러분의 블로그 메뉴 구성으로 가서 살펴보자. 네이버의 메뉴 구성과 같은가? 아니면, 다른가?

여러분 블로그에서 방문자들이 메뉴를 찾아 이리저리 시선을 옮겨야 한다면 그 사람은 여러분의 블로그에 불편함을 갖게 되고, 내용은 둘째 치고 정보 보기에도 불편한 인식을 갖게 될 것이다. 그 사람이 여러분 블로그에 다시 방문할 가능성은 현저히 낮아지지만 어쩔 수 없이 다시 여러분 블로그에 왔다고 하더라도 서둘러 빠져나가기에 바쁠 것이다.

그럼, 여러분 블로그의 하단 구성은 어떻게 하는 게 좋을까? 여기까지 설명한 내용대로라면 블로그 상단 메뉴 구성에 속하는데, 아래쪽은 어떻게 해야 할까?

다시 네이버 첫 페이지로 가자. 첫 페이지 하단에 보면 오픈캐스트, 테마캐스트, 네이버캐스트, 쇼핑, 사전, 지도 메뉴가 있다. 사람들이 가장 많이 찾는 포털 사이트 첫 페이지인데도 사람들에게 보일 메뉴 구성으로서는 어쩐지 빈약한 느낌이 날 수도 있겠다.

그럼, 생각해 보자. 네이버는 왜 이런 구성을 했을까? 네이버 직원들은 여러분 만큼 생각하지 않아서, 귀찮으니까 그냥 간단하게 만들어버린 걸까? 아니면, 어떤 이유가 있을까?

그 답은 바로 여러분 자신에게서 발견할 수 있다. 위에서 설명했지만 여러분의 인터넷 이용행태를 분석해 보면 대부분 네이버 첫 페이지에서 마우스를 아래로 내리지 않는다. 마우스를 한 번만 굴려 내려도 이용할 수 있는 내용임에도 많은 경우 사람들은 네이버 첫 페이지 아래로 내려오지 않는다.

인터넷 페이지 열리는 속도가 3초만 넘어가면 지루함을 느낀다는 초스피드시대에서 인터넷에 능숙한 사람이나 그렇지 못한 사람이라도 인터넷에서는 자기가 원하는 정보를 가장 빨리 찾기를 원할 뿐이기 때문이다.

그럼, 네이버에서는 왜 첫 페이지 아래에 사용자들이 만드는 캐스트 메뉴를 구성하고, 이미지와 텍스트를 혼용하는 구성을 했을까?

그 이유도 마찬가지로 여러분들의 시선을 가장 빨리 잡기 위해서 이미지를 택하게 된 것이다. 텍스트 글은 읽기 귀찮고, 쓱 한 번 눈을 내려 보는데 내가 좋아하는 가수나 배우 등의 연예인 사진이 보인다면 그때 클릭할 확률이 높아지는 것이다.

네이버 첫 페이지에서 하단으로 이동하는 사람들은 극히 드문데, 그들의 시선을 잡아서 네이버 안으로 끌어들이려면 사람들이 좋아할 만한 이미지를 노출해야 하고, 연예인만큼 좋은 콘텐츠는 없기 때문이다.

네이버 첫 페이지 하단의 메뉴 구성을 보고 다음 단계로 검색결과 페이지로 가보자.

[빅터리 쇼]라는 검색어를 입력하고 결과 페이지를 보면 '블로그', '웹문서' 결과에 이어서 '카페', '동영상', '이미지' 결과가 나타난다. 물론, 이 구성은 해당 검색어가 포함된 정보 위주로 노출되는 것이기에 일부 메뉴는 표시되지 않은 상태이기도 하다. 하지만, 여기서 네이버 검색결과 표시 메뉴를 살펴보면, 통합검색, 블로그, 카페, 지식iN, 이미지, 동영상, 사전, 뉴스, 실시간 검색 순서로 되어 있음에도 이 순서대로 검색결과를 노출한 게 아니라는 것을 알 수 있다.

그 이유는 무엇일까? 그건 네이버 검색결과를 만드는 프로그램이 또 다른 검색 조건을 사용하고 있다는 것을 알 수 있는데 그건 바로 여러분들의 검색 행태에 관한 것이다.

네이버에서는 일정한 로직에 따라서 검색결과를 표시하게 프로그램 되어 있는데, 천차만별인 사람들의 개성을 모두 적용하기란 불가능하고, 따라서 각 이용자별로 검색기능을 사용하는 행태를 분석해서 그에 걸맞는 검색결과를 보여주는 것이란 뜻이다.

다시 말하자면, 네이버에서는 여러분을 포함하여 이용자들의 메뉴 이용습관을 분석해서 서비스 개선 이용 자료로 프로그램에 적용하고 있으며, 각 이용자들의 검색 이용행태를 분석하여 그에 편리한 순서대로 노출시켜 주고 있다는 것이다.

예를 들어, 여러분이 네이버에서 어떤 정보를 검색하다가 특정 단어에 대해 이미지를 클릭하는 일이 많았다면 네이버 검색 로봇은 여러분을 위해 이미지 검색결과를 제일 상단에 보여주고, 그렇지 않다면 차선책으로 기존 검색결과 노출 순서를 적용한다. 물론, 이 방법은 하나의 IP를 갖는 컴퓨터를 대상으로 수집하는 정보 가운데 하나인데, 네이버에서는 이미 그 컴퓨터를 네이버 회원 누가 자주 사용하는지 대략적인 정보를 파악하고 있다는 의미와도 같다.

자, 그럼 다시 여러분 블로그 메뉴 구성을 살펴보자. 블로그 상단 메뉴와 블로그 하단엔 어떻게 구성해야 좋을까? 방식은 간단하다. 블로그 상단 메뉴를 구성하는데 치중하고, 하단에는 여러분 블로그 내에서 방문자들에게 관심을 끌만한 콘텐츠 중심으로 다시 노출하는 것이다.

사람들은 여러분 블로그에 많은 정보를 보려고 오지 않는다. 대부분 그들이 찾는 단 하나의 또는 약간의 정보를 찾다가 여러분 블로그에 들어온다. 이때 방문자들을 여러분 블로그에 잡아두려고 한다면 그들의 시선을 잡아야 한다.

현실에서의 생활이라면 소매를 잡아끌거나 의자에 앉혀두고서라도 여러분이 보여주고 싶은 많은 정보를 내보이겠지만 온라인에서는 다르다. 오로지 방문자 주관에 따라 나가고말고 결정하는데 여러분은 자신의 블로그에 누가 오는지 모르고, 언제 오는지조차 알 수 없기 때문이다.

이 경우, 여러분 블로그 방문자를 오래 머물도록 하는 방법은 그들이 원하는 정보, 그들에게 어필할 수 있는 정보를 블로그에 표시하는 일뿐이다. 블로그 방문자들이 여러분 정보를 훑어보고 마우스를 아래로 내리다가 이제 다른 곳으로 이동하기 전에 "이건 또 뭐야?"라고 시선을 고정하며 마우스를 들이대게 해야 한다는 뜻이다.

4 네이버 블로거들의 특징

네이버에는 어떤 이용자들이 많을까? 10대가 많을까? 20대가 많을까? 아니면, 50~60대가 많을까? 여러분은 어느 연령대의 사람들이 많다고 생각되는가? 여러분이 뭐라고 생각하던 네이버에 가장 많은 이용자는 정체불명의 이용자들이다.

무슨 소리인가? 대부분 이용자는 네이버에 로그인하지 않고 네이버에서 검색한다. 네이버가 말하는 이용자 분포도는 로그인한 상태를 기준으로 연령대와 성별을 구분하는 것일 뿐, 로그인 하지 않는 이용자들은 알아내기 어렵기 때문이다.

그럼, 네이버를 찾는 사람들은 남자가 많은지, 여자가 많은지 모르고, 어린이가 많은지, 어른이 많은지 구분하기 힘들다면 내 블로그는 어떻게 만들어야 할까? 이왕이면 가장 많이 네이버를 찾는 사람들을 대상으로 그들이 좋아할 만한 내용을 꾸미고 싶은데, 알 수가 없으니 도저히 어떤 전략이 세워지지 않는다고 푸념하게 된다.

물론, 여러분 생각은 틀리지 않았다. 다만, 가장 중요한 포인트를 놓치고 있을 뿐이다. 네이버 사용자들은 이용 연령대나 성별이 중요하지 않다. 각 비율을 정확하게 알 수도 없지만 알아도 블로그 운영 전략에 적용할 만한 가치를 만들긴 어렵다. 그렇다면, 여러분이 네이버 블로그 만들기에 가장 주목해야 할 부분은 무엇일까? 그건 바로 네이버의 시장 점유율 항목이다. 다른 아닌 '검색'이다.

네이버 블로거들은 이왕이면 내가 만든 블로그가 인기 블로그가 되길 원하고 온라인상에서 인지도도 쌓기를 원한다. 나 혼자만 간직하는 일기장이 아니기에 이왕이면 여러 사람들에게 내 의견을 공개하고, 내 글이나 사진을 보여주고 싶은 건 당연하다.

그럼 답은 나왔다. 네이버를 찾는 사람들이 가장 많이 이용하는 서비스인 '검색'을 적극 활용하는 방법이다.

블로그와 검색이 무슨 상관이냐고? 상관이 깊다. 생각해 보자. 네이버는 검색을 장점으로 한국 인터넷 시장 강자로 군림하고 있다. 검색 점유율 약 70%에 해당하는 만큼 대한민국 국민이라면 누구나 네이버에서 검색을 한다. 물론, 네이버, daum, 네이트 등 다른 인터넷 사이트에서도 검색을 하지만 네이버와 공유되는 검색률을 차치하고서라도 네이버의 검색률은 당분간 깨지기 힘든 상황이다.

이런 경우, 블로거들은 네이버의 검색을 적극 활용하여 블로그를 운영하는 게 좋다. 네이버의 메뉴를 살펴보고 부족한 정보는 무엇인지 파악하고, 네이버에서 주안점으로 두고 있는 각각의 서비스를 파악해서 블로그 콘텐츠로 올리는 방법이다.

네이버 블로거들은 그래서 인기 키워드와 실시간 급상승 검색어를 눈여겨보면서 하루 이틀 장시간 순위권을 차지하는 키워드를 조사하도록 한다. 그리고, 그에 필요한 내용에 자기 자신의 의견을 추가하여 블로그에 올리는 것이다.

한 가지 주의해야 할 점은 너무 인기 키워드에 집착하면 안 된다는 점이다. 인기 키워드는 나 외에도 많은 사람들이 주목하는 글 소재인 까닭에 내가 인기 키워드에 맞는 글을 써서 블로그에 올린다고 해도 검색결과 페이지 뒤로 밀리는 일이 생긴다. 따라서, 인기 키워드에 연관된 글을 쓰기보다는 자기 자신만의 지식을 바탕으로 블로그 내용을 꾸며나가는 게 좋은데, 요리, 영화, 낚시, 등산 등처럼 취미를 공유할 수 있는 사람들이 많은 카테고리를 선정하여 꾸준한 업로드를 해야 한다.

네이버 블로거는 이와 같이 네이버의 장점, 즉 검색을 활발히 하는데 도움 되는 정보성 글을 많이 작성하는 게 특징이다. 단순히 남의 글을 스크랩하거나 복사해서 붙여넣기는 이제 더 이상 사용해선 안 되는 금기사항이다. 자기 자신의 정보와 지식을 담되, 블로그에 담을 내용을 모른다면 해당 분야에 대해 공부를 해가면서 써도 좋다. 하루 이틀하고 그만둘 블로그가 아닌 이상, 최소 3개월 이상 소요되는 장기간 작업이니 말이다.

5 내 블로그 방문자 수 늘리는 법

블로그에 방문자 수 늘리는 방법을 어렵게 생각하는 블로거들이 많다. 특히, 블로그를 시작한지 얼마 지나지 않은 초보자가 아닌 사람들이 더욱 그런데, 어떻게 하면 블로그에 방문자들을 많이 오게 할 수 있는지 물어오는 사람들이 많다.

일단, 많은 블로거들이 사용하는 방법을 살펴보면 필자도 위에서 언급한 바 있는 '인기 검색어 연관된 글 작성하기' 방법이다. 실시간으로 변하는 인기 검색어는 단시간에 검색하는 사람들 수가 늘어나면서 일단 블로그에 관련 글을 작성하는 순간 평소보다 높은 방문자 수를 확인할 수 있다.

그러나 인기 검색어를 사용하는 방법은 하루하루가 긴장감의 연속이라고 할 정도로 하루 종일 컴퓨터만 쳐다보면서 글 쓸 준비를 하고 있어야 할 정도로 바쁘다. 도저히 다른 일은 할 엄두를 내지 못하며, 인기 검색어 관련 글을 쓰느라 남의 글을 가져오기도 하고 특정한 검색어는 관련 내용에 추가할 정보를 검색하기에 바쁘다.

그렇게 인기 검색어를 사용하여 블로그 글을 썼더니 방문자 수가 늘어난 걸 경험해 본 블로거들은 그 매력에 빠져 이튿날도, 다음 날도 인기 검색어만 바라보게 된다. 결국 인기 검색어로 도배된 블로그가 생기게 되는 것이다.

과연 이런 블로그는 어떤 장점이 있을까? 단순히 블로그 글을 읽는 조회 수 높이는 방법일 따름으로 블로그 재방문은 이뤄지지 않으며 해당 블로그에 대한 평가도 그리 좋지 않은 게 사실이다. 사람들은 순간적으로 인기 검색어를 클릭해서 관련 내용을 보러왔지만 즐겨찾기를 해두거나 RSS 기능을 사용해서 그 블로그 글을 꾸준히 받아볼 생각은 하지 않는다.

그럼, 어떻게 해야 할까? 내 블로그에 많은 사람들이 오고 즐겨찾기도 해두며 RSS로 구독하는 사람들을 확보하려면 내 블로그를 어떻게 꾸미는 게 좋을까?

네이버 블로그에서 방문자 수를 늘리려면 검색결과 페이지에 남들보다 먼저 그리고 윗부분에 검색되게 해야 하는데, 이를 위한 방법으로 시간대에 맞는 정보를 올리며, 요리, 영화, 다이어트처럼 사람들이 관심이 많은 주제에 대해 정기적인 내용을 작성하는 방법을 추천한다.

먼저, **남들보다 먼저 검색되게 하려는 방법**은 블로그 글을 사람들이 쉬는 저녁시간대와 밤에 작성해서 아침 8시 30분부터 순차적으로 업로드하는 방식이 있다. 이때 방학 때이건 아니건 오전 8시 30분부터 9시 30분 사이는 회사에 출근한 사람들이 가장 많이 보는 시간대이므로 이들에 대한 정보를 담는 게 좋다.

가령, 전날 주가시황이라던가, 정치 이야기 또는 기업 정보나 각종 생활경제 정보를 위주로 직장인들이 좋아할 정보를 담는다. 예를 들어, 연말연시에는 근로소득세, 연말정산, 상여금 정보에 대해 세금 관계와 소액 재테크 활용법 등이 좋다.

시간대에 맞는 정보란 하루 일과를 기준으로 사람들의 사이클에 맞춰 정보를 업로드하는 방식이다. 가령, 오전 11시 이후에는 맛집이나 쇼핑 정보, 스타일링 정보를 올려서 직장인들이 점심식사로 어느 메뉴를 선택할지 도움을 주고, 쇼핑이나 스타일 정보를 올려서 여성 직장인들의 자유시간이 많은 점심시간대에 정보 검색이 가능하도록 하는 것이다.

그 외에 네이버를 주로 사용하는 10대, 20대 사용자 층이 많은 점을 고려하여 여드름 정보, 패션 스타일링 정보를 위주로 올리되, 저녁 퇴근시간 무렵과 오후 시간대에는 식사를 준비하는 20~30대 연령층의 젊은 주부를 위해 요리처럼 생활문화 정보를 집중적으로 올리는 게 좋다.

물론, 여기서 말하는 다양한 정보는 한 사람이 운영할 수 있는 블로그가 아니다. 다수의 경우 팀블로그라고 해서 정보를 다양하게 만들고 검색률과 블로그 방문 확률을 높이기 위해 만드는 블로거들이 있는데 이곳에 어울린다.

6 서로 이웃의 장/단점

네이버 블로그는 서로 이웃 맺기 기능이 있다. 이는 싸이월드의 1촌 관계와 같은데, 한 사람이 신청하고 상대방이 승인을 해야만 관계가 맺어진다.

서로 이웃의 장점은 온라인 관계를 더욱 공고히 맺는다는 느낌을 부여한다. 가령, 오프라인에서 내가 잘 아는 사람인데 온라인에서도 그 관계를 이어가고 싶다면 서로 이웃을 맺는다. 블로그 운영자가 글 공개 설정에서 서로 이웃에게만 공개하는 기능을 사용하면 다른 사람에게는 안 보이게 하고 서로 이웃에게만 글을 공유할 수 있다.

서로 이웃의 단점은 신청을 받은 상대방이 [거절]을 할 수 있으며, 이 경우 내 블로그에는 [이웃] 블로그로 표시된다는 점이다. 이는 서로 이웃을 신청한 쪽에게 은근히 자존심 상하는 일이 생길 수 있는데, 서로 이웃의 경우 모든 글을 공개로 하는 블로거들이 대다수인데 비해서 서로 이웃에게만 공개할 글은 그 수가 적다는 점이 불편하게 만드는 요인이다. 블로그란 목적과 특성 자체가 다수의 사람들과 소통하기 위한 것이니 만큼 서로 이웃맺기를 통해 소수의 사람들과 공유할 이유는 현저하게 줄어들기 때문이다.

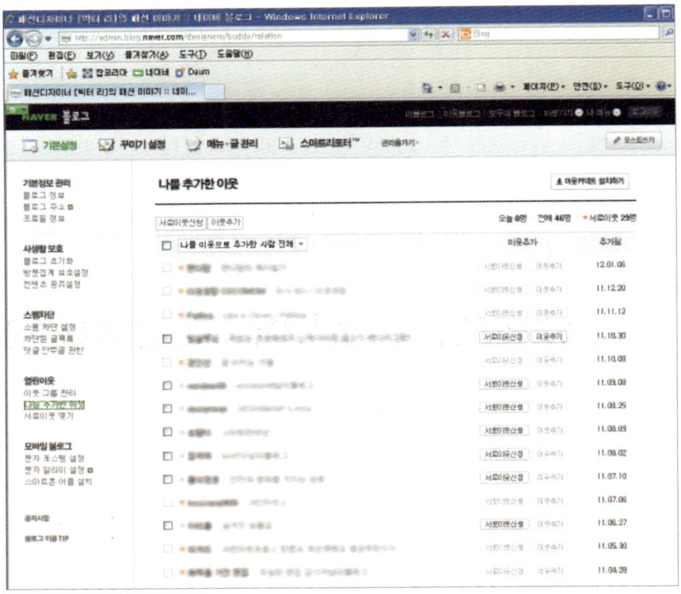

7 이웃 추가의 장/단점

서로 이웃에 비해서 누구나 자유롭게 이웃을 추가할 수 있는데, 네이버 블로그에서 [이웃 추가]란 '즐겨찾기'를 해두는 것과 같다. 상대방이 내 블로그를 관심 있어 하고 자주 찾아보기 위해서 즐겨찾기를 해두는 것이다.

서로 이웃과 이웃 추가 기능은 네이버 블로그의 이웃그룹 관리에서 설정한다. 서로 이웃 맺기가 1:1 관계라면 이웃맺기는 관심 블로그 설정 기능과 같다.

한쪽에서 일방적으로 이웃으로 추가할 수 있으며, 이웃의 수가 많을수록 인기 블로그라는 인증이 된다. 이웃맺기의 장점은 내가 이웃 추가해 둔 블로그의 새 글이나 업데이트 되는 내용이 자동으로 나한테 전달된다는 점이다. 해당 블로그를 즐겨찾기 해두지 않으면 재방문이 어려운 면도 있는 반면에 이웃 추가를 해두면 언제든 클릭 한 번으로 방문할 수 있다는 점도 장점이다.

반면에 이웃 추가의 단점은 신청과 해지가 쉽다는 점이다. 네이버 블로그 중에서 마음에 드는 관심 블로그를 봤을 때 이웃 추가해서 업데이트 되는 내용들 위주로 살펴볼 수 있다는 장점이 있는 반면에 언제든 내 마음대로 다시 해지할 수 있다는 점은 온라인에서 이뤄지는 단순한 관계를 대변한다.

가령, A에 대한 내용이 마음에 들어서 A블로그를 이웃 추가했는데, 어느 순간 이웃 블로그가 많아지고 관리가 거추장스러워지면 손쉽게 삭제를 해버릴 수도 있다. 이는 해당 블로그를 운영하는 사람을 가깝게 알아갈 기회가 없이 온라인상에서 자기 필요에 따라 이뤄지는 가벼운 관계를 대변하기 때문이다.

Tip 블로그로 인터넷쇼핑몰 무료 홍보하기

인터넷쇼핑몰을 운영하면서 블로그를 통해 쇼핑몰 홍보를 하는 방법이다. 우선, 자신의 블로그에 위젯을 설치해서 쇼핑몰로 바로 이동하게 하는 방법이 있다. 네이버 블로그의 예를 들어 설명한다.

네이버 레이아웃 설정 메뉴에서 제일 아래에 있는 [위젯직접등록] 기능을 사용한다. 이 기능을 사용하려면 마우스로 눌러서 자신이 등록한 위젯을 위젯사이트로부터 불러와서 적용시키면 되는데, 위젯 등록은 위젯 사이트에서 자신만의 위젯을 만들어 미리 등록해 둔다.

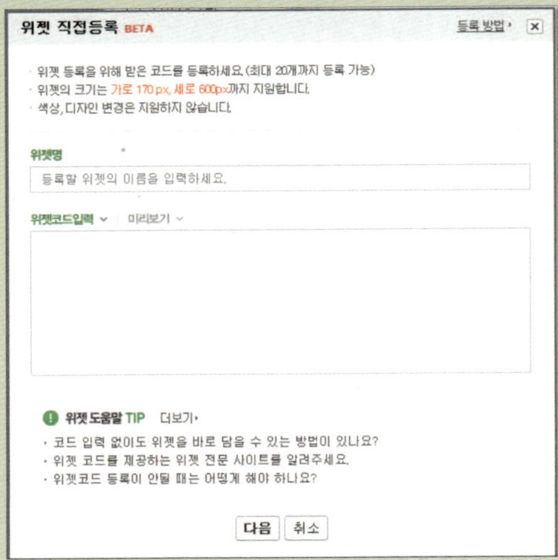

위젯은 최대 20개까지 등록할 수 있다. 위젯을 등록하려면 daum 위젯팩토리 또는 위자드팩토리에서 가져올 수 있다.

한편, 이와 같이 네이버 블로그에서 인터넷쇼핑몰을 홍보하고 바로가기 링크를 제공하는 방법으로 위젯을 사용하거나 또는 본문 내용 중에 URL을 적고 링크를 붙이는 방법도 쓰인다.

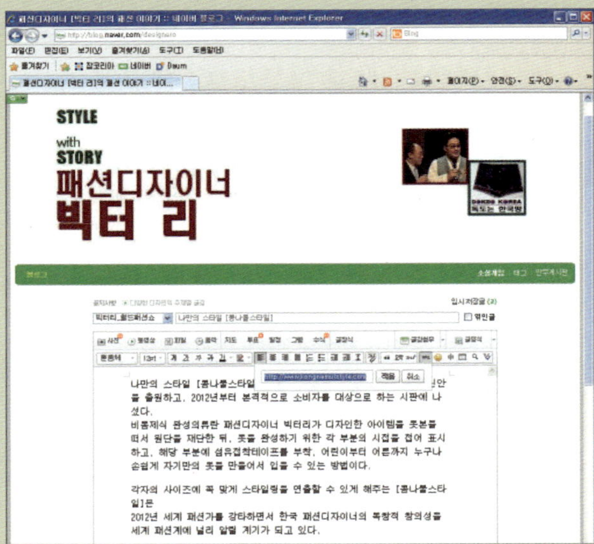

이 방법을 사용하면 블로그 내용을 작성하면서 언제라도 쇼핑몰로 이동할 수 있다는 장점도 있고, 텍스트 기반의 내용에서 충분한 설명을 읽은 다음에 블로그 방문자의 선택에 의해 쇼핑몰로 이동한다는 자기 주관적 쇼핑이 가능하다.

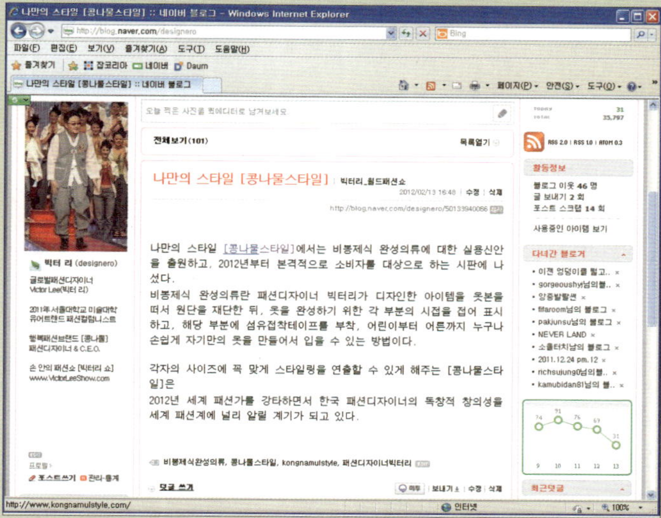

블로그 내용에서 글을 보다가 [콩나물스타일]이란 단어에 마우스를 올리면 웹페이지 아랫 쪽에 이동할 쇼핑몰 주소가 나타난다. 이와 같은 방식으로 쇼핑몰 홍보와 이동을 동시에 유도 가능하다.

Tip 블로그에서 무료로 바이럴 마케팅하기

바이럴 마케팅이란 입소문 마케팅이란 뜻과 같다. 블로그에 특정하지 않고 온라인과 오프라인에서 다른 이에게 전달하는 이야기를 통해 홍보하는 모든 방법을 말할 수 있는데 온라인의 경우 블로그를 통한 홍보를 가리켜 바이럴 마케팅이라고 부르게 된다. 다시 말하면 바이럴 마케팅이란 배너 광고나 동영상 광고와 같은 방식이 아니라 블로거의 의견을 다른 이들이 읽어가면서 서로에게 전파되는 광고방식으로 이해해도 무방하다.

블로그에서 바이럴 마케팅을 하는 방법은 비용이 들지 않는다. 내 블로그에 글을 써서 올리면 다른 사람들이 방문 와서 내 글을 읽는 순간 바이럴 마케팅이 성립된다. 여기서 그치지 않고 블로그 방문자들이 각자의 블로그로 스크랩하거나 피드백 댓글을 단다면 바이럴 마케팅이 다시 한 번 더 전파되는 것과 같다. 이렇듯 바이럴 마케팅이란 인터넷 이용자와 다른 이용자가 서로 공통된 주제에 대해 소통하는 것, 그 자체로 성립하는 것이다.

2 daum에서 인기 블로거 되는 법

네이버 블로그에서 인기 블로거가 되는 방법에 이어서 daum에서 인기 블로거가 되는 방법에 대해 알아보자. 네이버와 daum 사이트는 국내 인터넷 사이트 1, 2위를 유지하는 인기 사이트이므로 이 두 곳 어느 쪽이라도 인기 블로거가 된다면 온라인 인지도가 높은 블로거가 된다.

daum에서는 네이버와 크게 다르지 않으나 약간 다른 점이 있으므로 저마다 각자의 블로그를 운용하면서 인기 블로거가 되는 전략을 세워보도록 한다.

1 daum 블로그의 장/단점

daum 블로그는 2007년대부터 블로거 뉴스를 처음 시작하여 많은 블로거들을 온라인으로 불러들인 태생적 장점이 있다. 이후, 블로거 뉴스는 현재의 view 서비스로 개편되어 이어져 오고 있는데 daum 블로그를 만들고 글을 써서 view 서비스로 보내기를 실행하면 우수한 글을 골라서 daum 첫 페이지에 노출시켜 주는 방법으로서 어마어마한 방문자 수를 몰아주는 서비스를 제공한다.

(1) 장점

필자 역시 daum 우수 블로거로서 활동하면서 이와 같은 daum의 첫 페이지에 필자 블로그의 글이 노출된 경험이 있는데, 최대 35만 명을 기록한 적도 있으며 10만, 20만 명의 방문자를 기록한 적도 많다.

daum 블로그에 쓴 글은 daum view를 비롯하여 daum 지도, 올블로그 등으로 글을 보낼 수 있다. daum 블로그의 가장 큰 장점은 이와 같이 daum 블로그에 글을 쓰면 daum을 비롯하여 다른 블로그 서비스에도 글을 보낼 수 있다는 점이며, 이는 블로그 방문자 수 확보에 목말라하는 다수의 블로거들에게 큰 반향을 불러일으키는데 성공했다.

(2) 단점

daum 블로그의 단점은 아니지만 개선되어줬으면 하는 바람이 있는 부분은 바로 daum 블로그의 소스 코드 자율화 부분이다. 현재 daum 사용자는 daum 블로그를 운영하거나 daum 아이디로 티스토리 블로그에 로그인해서 사용할 수 있는데 엄밀히 따지자면 daum 블로그와 티스토리 블로그가 달라서 두 개를 모두 관리하기엔 시간적으로도 버거움이 있다.

daum 블로그에 올린 글과 사진 등의 모든 콘텐츠를 티스토리 블로그로 그대로 옮겨 적용할 수 있다면 더없이 좋은 것으로 생각되나 두 블로그 서비스를 운영하는 팀이 다르고 소스 코드가 다른 까닭에 불가능하다. 필자의 경우에도 daum 블로그를 그대로 운영할 것인지, 아니면 티스토리 블로그로 옮겨서 다시 블로그를 운영할 것인지 선택해야만 했던 기억이 있다.

2 daum 블로그의 효과적인 레이아웃

daum 블로그의 효과적인 레이아웃을 알아보기 전에 앞에서 배운 네이버 블로그의 레이아웃을 기억해 보자. 네이버의 경우 세로 세 줄 구조로 된 레이아웃을 추천했는데, daum 블로그 레이아웃을 위해 먼저 daum 첫 페이지를 보니 daum 역시 세로 세 줄 구조로 된 것을 알 수 있다.

이와 같이 블로그 구조를 세로 세 줄 형태로 만들기로 결심하고 세부 구조를 분석해 보면 네이버의 구조와 약간 다른 부분이 있다는 걸 확인할 수 있는데 이를 먼저 짚고 넘어가자.

daum 첫 페이지에서 여러분의 시선 이동부터 보자. 가장 먼저 daum 로고가 눈에 들어오고, 다음에 검색 창, 그리고 왼쪽 로그인 영역이 들어온다.

그 다음에 중앙에 위치한 뉴스 영역이 보이며, 그 우측으로 쇼핑 영역이 들어오고, 다시 왼쪽으로 이동하는 중에 daum 라이브 스토리 영역을 거쳐 인기 검색어 영역으로 움직이게 된다.

이를 위치로 표시하자면, **좌상(左上) ➤ 중앙 ➤ 좌 ➤ 중앙 ➤ 우 ➤ 중앙 ➤ 좌** 형태가 된다. 네이버와는 약간 다른 전개 방식이다.

왜 daum은 이렇게 했을까? 가장 큰 차이점은 네이버에서는 로그인 영역이 오른쪽에 있는데 daum에서는 왼쪽에 있다는 점이다. daum은 첫 페이지 역시 세로 세 줄 구조로 구성해서 뉴스 영역이 중앙에 위치한 반면, 네이버는 첫 페이지는 세로 두 줄 구조로 구성하여 로그인과 뉴스 영역으로만 단출하게 만들었다.

그리고, 또 하나의 명확한 차이점은 daum의 경우 첫 페이지 왼쪽에 실시간 인기 검색어를 표시하여 daum 사이트 방문과 동시에 인기 검색어 검색 상황을 볼 수 있도록 했다는 점이다. 네이버에서는 첫 페이지에서 반드시 검색을 한 후에 두 번째 페이지부터 실시간 급등 검색어를 표시했다.

자, 이렇게 구분한 차이점을 두고 daum과 네이버를 설명하자면, 네이버는 검색 기능을 경쟁력으로 강조하는 사이트인 반면, daum은 이용자가 직접 검색하기보다는 daum 사이트에서 제시하는 콘텐츠를 보고 링크를 따라 들어가는 구조로 되어 있다.

더불어, daum 첫 페이지 중앙에 뉴스 영역 바로 아래에 라이브 스토리를 넣은 이유는 인터넷 카페의 시작인 daum 카페 이용자들을 배려하는 측면으로 이들의 활동을 더욱 분발시켜 주는 촉진제 역할을 유도한 것으로 보인다.

가령, 네이버는 이용자 스스로 검색을 하고, daum은 이용자에게 콘텐츠를 보여주며 daum으로 들어오게 만든다는 전략을 느끼게 된다. 네이버에서는 뉴스캐스트와 오픈캐스트를 내세워 이용자들이 만드는 정보를 전면에 내세우는 반면 daum에서는 뉴스와 인기 검색어를 전면에 내세움으로써 daum에서 제시하는 콘텐츠를 이용자들이 보고 선택할 수 있게 해주는 것이다.

따라서, 네이버는 검색, daum은 미디어를 강조하는 전략을 파악할 수 있는데, daum 블로그의 경우에도 view 서비스를 시작하면서 블로거 기자라는 용어를 처음 사용한 곳도 daum이었다. daum은 하나의 미디어로써 신문과 방송에 이어 인터넷을 무대로 하는 매체를 지향하는 곳으로 간주할 수 있는 부분이다.

자, 그럼 daum에선 블로그를 어떻게 구성하는 게 좋을까? 미디어를 지향하는 분위기가 강한 daum에서 daum 블로그는 신문, 방송처럼 뉴스 전달의 기능을 강조해야 좋다. view 서비스를 적극 이용하면서 블로거 주변의 신변잡기나 취미생활보다는 사회생활 전반에 걸쳐 블로거가 직접 바라보는 관점을 강조해야 하는데, 블로거 자신의 의견을 우리 주변의 뉴스에 추가하여 블로그를 만들 경우 daum 블로그로서 좋은 점수를 받을 것으로 생각한다.

특히, 정치, 경제, IT, 연예 분야에 대한 뉴스에 자신의 의견을 추가하여 비평, 토론하는 블로거가 눈에 띄며 단순 사실을 전달하는데 그치지 않고 현재와 미래에 대한 방향 제시까지 내짚어볼 수 있는 식견을 갖춰간다면 daum 블로그 방문자가 폭증하는 재미를 얻게 될 것이다.

이와 같은 근거로 daum 블로그의 레이아웃은 매체의 형태를 갖는 게 좋으며, 그 구조는 daum 블로그 관리 기능에서 [추천세트]를 선택하는 게 좋다. daum의 지향점에 따라서 daum 블로그의 레이아웃을 추천하는 이유는 전체적인 통일성을 갖게 하기 위함인 것으로 봐도 무방하다.

3 daum 블로그에서 메뉴 구성 노하우

daum 블로그를 만들 때 메뉴 구성은 daum의 각 메뉴를 참조하도록 한다. 먼저 daum 검색을 통해서 daum에서 표시하는 메뉴를 살펴보자.

daum에서 '빅터리'를 검색하면 검색결과가 노출된다. 네이버와 같이 daum에서도 블로그 내용이 가장 위에 노출되었으며, 사전, 게시글, 카페글에 이어서 웹문서, 뮤직, 사이트, 지식, 뉴스, 소셜웹, 동영상, 이미지, 책, 쇼핑하우, 전문자료, 스마트폰 응용프로그램 순으로 나뉜 걸 알 수 있다. **네이버에서 시도한 검색결과보다는 상당히 많은 내용이 표시된 것으로 daum 이용자들이 선호하는 메뉴 순서대로 배열한 것을 알 수 있다.**

daum에서는 무엇보다도 소셜웹, 즉 모바일 분야에 집중하는 분위기를 볼 수 있는데 컴퓨터에서 daum에 접속해서 이용할 경우에도 소셜웹이나 스마트폰 응용프로그램 메뉴를 꼭 첨가하고 있으며, 검색결과에서도 소셜웹 트위터(www.twitter.com)에서 해당 검색어에 연관된 검색결과를 가져와서 보여주고 있다는 점이다.

정리해 보면, daum 블로그를 만들 때 메뉴를 구성하는 전략은 앞서 지적한 바대로 신문이나 방송 뉴스를 기준으로 view 서비스를 적극 활용할 수 있도록 메뉴를 구성하고, 소셜웹에 대한 자료를 첨가하는 게 좋다.

가령, view 서비스 영역에서 자신에게 맞는 분야를 선별하고 블로그 글 메뉴로 분류해 두는 게 필요하며, 내가 쓴 글이 daum을 통해 소셜웹 영역에서 다른 이들에게 다시 한 번 더 노출된다는 점을 기억하고 daum과 소셜웹을 동시에 사용한다는 기준을 세워야 한다.

daum view 메뉴는 My view, 라이프, 문화연예, IT과학, 스포츠, 경제, 시사로 구성되고 각 항목에서 세부 분야로 다시 나뉜다.

이는 신문 구성에서 라이프, 문화, 스포츠 등으로 섹션을 구성하고 각 섹션에서 담당 기자들이 자신의 기사를 채우는 것과 유사하다. 단, daum에서는 모든 항목에 앞서 My View를 제일 앞에 위치시킴으로써 세상을 바라보는 블로거의 관점을 중요시한다는 전략을 거리낌 없이 노출하고 있다는 점도 특징이다.

자, 그럼, daum 블로그를 만들고 운영할 땐 어떻게 해야 할까? 그렇다. 위 daum view 각 항목 중에서 자신에게 어울리는 항목을 고르고, 각 섹션으로 분류하여 그 아래에 세부 주제를 정해 정기적으로 글을 작성하면 된다. 단, 어떤 글에 대해서 써도 좋지만 한 가지 잊지 말아야 할 것은 자신의 관점이 반드시 들어가야 좋다는 점이다.

네이버 블로그는 네이버의 검색 기능을 보조하면 좋고, daum에서는 미디어로서의 daum이 나아가고자 하는 방향에 맞춰 블로거 개인의 관점을 기술하는 게 좋다. 여기서 '좋다'고 표현하는 이유는 네이버나 daum에 만든 내 블로그에 방문자가 더 많이 들어올 가능성이 높아진다는 의미이다.

4 daum 블로거들의 특징

daum 블로거들은 view를 기반으로 움직인다. 자신의 전문 분야에 대해 정보를 기술하고 지식을 전달하는 차원에서 끝나는 게 아니라 사회 각 분야에 대해 적극 참여하며 열띤 토론을 벌이기도 한다. 네이버 블로그에서는 한 가지 글에 대해 달리는 댓글의 내용이 '고맙습니다'가 많다면 daum 블로그에서 글 아래 달리는 댓글은 글쓴이의 주장에 대해 부연 설명하고 '제 의견은요,'라며 자신의 생각을 적극 피력하는 블로거들이 대다수이다.

daum 블로거들은 자신의 전문 분야를 선택하고 해당 분야 내에서는 적극적으로 다른 이들과 소통하고 있는 것인데, 이들의 글이 view로 전송되면서 daum 첫 페이지에 노출되는 순간 수 만 명에서 수십만 명에 이르는 사람들이 블로그를 방문해서 추천을 하거나 이의제기를 하곤 한다.

[주] 온라인에서 이뤄지는 댓글 소통 방식은 추천할 일이다. 그러나, 나와 생각이 다르다고 글을 올린 사람에게 욕설을 하거나 블로그 외에 카페나 블로그 등으로 원글을 옮겨서 자신과 뜻을 같이 하는 사람들과 모여 집단적으로 힐난하는 행동은 하지 말아야 한다.

특히, 인기 많은 모커뮤니티 사이트에서는 욕설과 비난을 비롯하여 차마 눈뜨고 볼 수 없는 글까지 무작위로 올리곤 한다. 한번은 실제 그런 사이트를 발견하고 해당 글을 삭제할 것을 요구했지만 모포털 사이트에서는 자신들이 만든 사이트가 아니고, 자신들은 단지 검색 기능만 관리하는 상황이라서 검색결과로 빼내지 못한다고 답변을 해왔다.

그리고, 특정인에 대한 비난글을 올려둔 해당 사이트에 글 삭제를 요청해 봤지만 아무런 답변이 없으며 오히려 방조한다는 느낌을 받는 상황만 초래되었다. 인터넷에서는 여전히 그 글이 남아있고, 검색이 되고 있다.

네이버나 다른 블로거들과 daum 블로거들의 가장 큰 차이점이라고 하면 블로그 집중도라고 말할 수 있다. 네이버 블로거들의 경우 일반적인 모습은 자신의 지식과 정보를 잘 살려서 블로그 게시물을 작성해 두면 하루에 한 번 또는 자신의 라이프 사이클에 따라 블로그 활동을 하면 되는데, daum 블로거들의 경우엔 하루에도 수 차례 로그인하여 자신의 블로그를 관리하는 모습을 볼 수 있다.

그 이유는 자기가 쓴 글이 단순 정보가 아니라 '자신의 관점'이기 때문에 실시간으로 다른 사람들이 댓글을 달며 토론을 벌이는 통에 도저히 오랜 시간 블로그를 그냥 두고 볼 수없는 상황이 벌어지기 때문이다.

이 현상은 daum 방문자를 늘리고 페이지뷰를 증가시키기 위한 daum의 전략으로 비춰지기도 하는데, 그 목적이야 어떻든 간에 daum 블로거들은 자신의 의견을 적극 피력할 수 있는 공간을 얻게 되는 것만으로도 블로그를 운영하는 가치를 느끼게 된 것임으로 나쁘지 않다.

5 내 블로그 방문자 수 늘리는 법

daum에서 블로그 방문자 수를 늘리는 방법은 간단하다. 특정 주제에 대해 자신의 의견을 달고 이 글을 view 메뉴로 보내면 된다.

실시간으로 업데이트 되는 view 서비스에서 다른 블로거들이 내 글을 보고 추천을 해주기도 하고, 그들의 의견을 덧붙이며 반응을 나타낸다. 내가 쓴 글은 daum view 관리자들이 보고 첫 페이지로 노출시켜 주기도 하는데 이런 '행운'을 얻으면 내 블로그엔 감당하기 어려운 수의 방문자들이 몰아닥치기도 한다.

필자의 경우 인터넷쇼핑몰 등에 대해 글을 쓴 결과 블로그 접속조차 어려워 오류가 생기던 기억이 있다. daum에서는 daum 이용자들이 관심갖는 부분에 대해 자신의 전문적인 식견을 추가하여 의견을 제시하라는 것, 그 글을 view로 보내고 다른 블로거들의 반응을 기다리는 전략이 가장 좋다.

그 외의 방법이라면, 연예기사나 TV 프로그램에 대한 자신의 모니터링 의견을 담으라는 제안을 한다.

이 글을 읽는 여러분들은 이미 알고 있듯이 daum은 미디어의 기능을 중시한다. 그래서, 같은 블로그 글이라도 단순 정보 전달을 배제하고 블로거의 의견이 담긴 글을 우선적으로 검색결과에 노출시켜 준다. 또한, TV 연예에 대한 글은 다른 카페로, 블로그로 스크랩되어서 여러 곳에서 노출되는 덤까지 생긴다.

가령, daum 첫 페이지에 실시간 검색어를 보면 알 수 있는데 실시간으로 화제를 얻는 주제어 가운데 상당수가 TV 연예계 관련 내용들이 많다. 당연히 daum 방문자들이 클릭하게 되는 내용이 TV 연예계 뉴스들이고, 이를 다룬 블로거의 글이 위로 노출될수록 클릭률이 높아진다. TV와 신문을 대체하는 또 하나의 매체로서 daum 블로거의 역할을 다하는 순간이다. 블로그 방문자들이 늘어나는 효과를 볼 것이다.

6 daum 블로그 구독하기의 장/단점

daum 블로그에도 구독하기 기능이 있다. 이 기능은 네이버에서 '이웃 추가' 기능과 유사한데, 구독하는 블로그의 새 글이나 알림 메시지가 내 블로그 메뉴에서 자동으로 업데이트 되는 서비스이다.

이 기능을 사용하면 다른 사용자에게 내 블로그 글을 작성할 때마다 보낼 수 있고, 내 글을 보는 블로거들은 자신의 블로그에서 언제든 편리하게 내 글을 볼 수 있다. 사용자 입장에선 자신의 블로그에서 자신이 관심을 가진 블로그 글들을 받아볼 수 있다는 점이 장점이다.

그런데, 블로그 글 구독하기 기능을 염두에 두는 블로거들이 유의해야 할 부분이 있는데, 바로 제목에 신경 써야 한다는 점이다. 항상 글을 쓸 때 내용의 주제를 글의 제목에 담거나 글의 앞부분, 약 세 줄 이내에 담아야만 다른 블로거들에게 최대한 어필할 수 있다는 것이다.

생각해 보자. 내 블로그에 오는 사람들은 어느 경로로 들어왔던 간에 일단 블로그에 접속하면 내가 올린 내용을 전체 다 보게 된다. 그러나, 구독하기를 누르고 자기 블로그에서 편리하게 내 글을 확인하는 사람들은 내가 올린 블로그 글의 제목 또는 글 앞부분만 판단해서 내 블로그에 올지 말지를 선택하게 되는 셈이다.

내 입장에선 블로그 글 제목만으로도 사람들을 유인할 수 있도록 낚시성 글 제목을 써야 할 경우가 생기며, 최소한 글 앞부분 서너 줄 안에 사람들이 관심을 가질 만한 내용을 넣어야 한다.

내 블로그 방문자 수를 확보하기가 점점 더 어려워지는 것이다. 일례로, 필자가 작성했던 글 가운데에 홍미로운 글 제목을 사용했던 적이 있는데, 이 글의 단순 조회 수는 35만 명을 넘었고, 이 글을 스크랩해서 가져갔던 사람들이 퍼뜨린 덕택에 필자의 블로그 방문자는 큰 폭으로 상승했던 경험이 있다.

이와 같이 블로그 글 구독하기 기능은 블로그 운영자나 방문자 양쪽 모두에게 장점과 단점을 모두 갖고 있다. 문제는 구독하기의 편리한 장점을 활용하여 내 블로그 방문자 수를 더 늘리기 위해 다양한 전략을 세워야 한다는 점이다. 필자가 앞서 제시하듯이 낚시성 글 제목이나 글 앞부분에 홍미로운 내용을 담는 것도 하나의 방법이 될 수 있다.

Tip 인터넷 매체의 뉴스 제목은 왜 말을 하다가 마는 듯 의문문 투성이 일까?

그 이유는 간단하다. 인터넷 매체들은 포털 사이트에 기사 콘텐츠를 제공하고 클릭 수에 따라서 수익을 얻는 경우가 많다. 따라서, 뉴스를 노출시키고 클릭을 많이 받아야 하는데, 기사 제목에 주요 내용을 다 공개할 경우 헤드라인만 읽는 사람들처럼 뉴스 기사 제목만 읽고 클릭은 하지 않는 경우가 빈번하게 발생하기 때문이다.

기사 클릭을 해야 수익을 제공받는 뉴스 매체 입장으로서는 난감한 상황이 초래되는 것이다. 게다가 자신들의 뉴스 사이트에 광고를 게재한 광고주들에게도 트래픽을 담보로 광고 노출을 보답하기 위해서도 클릭이 절실하게 필요하게 된 것이다.

7 daum 블로그 뷰 기능에서 베스트에 오르기

자, 그럼 daum 블로그에 글을 쓰고 view로 보냈는데 어떻게 하면 view best에 선정될 수 있을까? daum 블로그를 운영하는 블로거들은 너나 할 것 없이 대부분 daum view 영역에 자신의 글이 노출되기를 바라는데, 자신의 의견이 다른 이들에게 관심을 받게 될뿐더러 다른 의견을 보고 스스로도 배울 수 있는 기회가 되기 때문이다.

그런데, 2012년 2월 기준 daum 블로거 수는 약 33만 명에 달하고, 이들 중 베스트 view 블로거는 약 500명에 달한다. 전체 블로거 대비 베스트 블로거 수가 될 확률은 0.0015%에 지나지 않는다. 블로거 1,000명 중에 1명이 베스트 view 블로거가 된다는 뜻인데, 웬만해선 이름조차 올리기 어려운 수준이다. 확률로만 보자면 그렇다는 뜻이다.

그러나, 중요한 건 블로그의 품질, 즉 글의 콘텐츠일 뿐 블로거 수는 중요한 게 아니라는 점을 생각해 보면 피부로 느낄 수 있는 경쟁률은 훨씬 낮아질 것이다. 가령, daum 블로거 중에서 실제 활동을 활발히 하는 블로거를 구분해야 하고, 이들 가운데에서도 글을 잘 쓰는, 자기 관점을 글로 표현하는데 능숙한 사람을 뽑자면 그 수는 다시 조정될 것이기 때문이다.

답은 한 가지, 내가 daum 블로거로서 방문자 수를 확보하고 온라인에서 인지도를 얻고자 한다면 가장 먼저 daum view에 오르는 베스트 글들을 살펴보고 분석해야 한다. daum view 블로그 글 가운데에서 단순히 조회 수만 많다고 베스트 view에 올리진 않을 것이며 뭔가 나름의 평가 기준이 있기 마련이기 때문이다.

가령, 필자가 daum view 베스트 목록을 살펴보자면 대부분의 주제들이 같은 날 인터넷 뉴스로 보도된 기사들에 관한 내용이 대부분이었다.

주제어를 고르자면 소녀시대 프랑스 진출, 애플과 삼성 소송, 부러진 화살 영화, 밸런타인데이, K팝스타, 1박2일 등에 관한 글들이었다. 당일 전후를 기준으로 화제가 된 주제에 대해 daum 블로거들이 자신의 관점을 넣어 글을 썼고, 그들 가운데 조회 수도 많고(검색 빈도가 높았을 것이므로) daum view 편집자들에 의해 베스트 목록에 오를 대상으로 선정된 것이다.

정리해 보면, daum view 베스트 목록에 끼이려면 앞서 설명했듯이 MY POINT(관점)을 넣어 시의성 높은 주제를 선택해 내용을 작성하는 게 무엇보다도 중요하다는 걸 알 수 있다. daum의 경우 '미디어'를 지향하는 이미지가 강해서인지 온라인 daum에서 이뤄지는 사용자들 간의 활발한 의견 소통을 유도하는 모습이 종종 눈에 보이기 때문이다.

daum 블로그 베스트 view 목록에 내 블로그를 올리고 싶은가?

그렇다면, 인터넷에서 화제가 되는 시의성 높은 주제를 잘 살피고 내가 자신 있게 관점을 넣을 수 있는 글을 작성하자. 한 번에 안 된다고 포기할 건 아니다. 쓰다 보면 감이 올 것이다. '이건 베스트에 올라갈 것 같다'는 느낌이 드는 글들이 있다. 그렇게 daum 우수 블로거로 등극하게 될 것이다.

3 티스토리에서 인기 블로거 되는 법

정해진 레이아웃 형태 내에서 이용자들이 블로그를 개설하고 이용하는 구조를 폐쇄형 블로그라고 지칭할 때, daum이나 네이버가 폐쇄형 블로그 서비스라면 그 반대의 개념은 개방형 블로그라고 부르며 이용자 누구나 자신의 생각대로 블로그 디자인을 변경하고 구성 메뉴 등을 변경하며 자유롭게 블로그 활동을 할 수 있는데 대표적으로 티스토리(www.tistory.com)가 있다.

다만, 티스토리 블로그는 기본적인 HTML 지식이 있어야 하고, 웹디자이너와 같이 이미지 구성 및 블로그 디자인 능력이 있는 사람에게 효용 가치가 더 크며, 컴퓨터 HTML 언어에 대해 모르는 사람일 경우 daum 블로그나 네이버 블로그를 추천하는 바이다.

1 티스토리 블로그의 장/단점

(1) 장점

티스토리 블로그의 장점은 자신의 개성에 맞춰 자유롭게 꾸밀 수 있는 기능이다. 이미지, 동영상 등의 호스팅 트래픽 부담도 없으며, 스킨은 기존에 만들어진 것 외에도 자신이 원하는대로 꾸며 만들 수 있다. 게다가 구글(www.google.com) 등에서 제공하는 광고 제휴 상품인 '애드센스'와 같은 블로그 광고를 설치하여 블로그 수익까지 얻을 수 있다는 장점 덕분에 많은 블로거들이 티스토리에 블로그를 개설하고 있다.

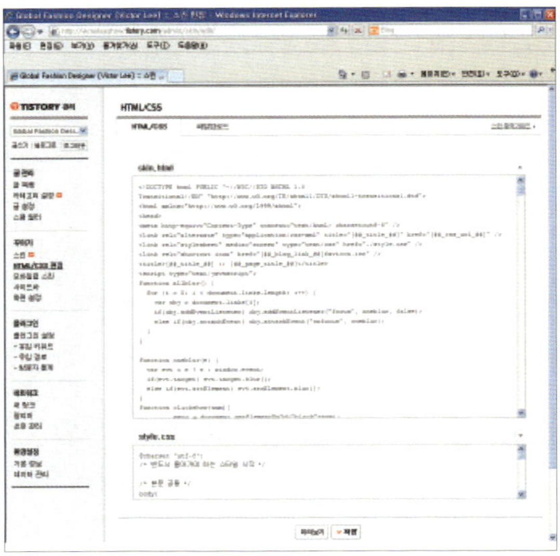

(2) 단점

단, 티스토리는 컴퓨터 지식이 부족한 초보자인 경우 사용하기 부담스러운 서비스이다. HTML 언어 사용법을 알아야 블로그 디자인을 꾸미고 다양하게 변형할 수 있어서 그렇다. 무엇보다도 초보자가 공부하기 버거운 메뉴 구성 또한 티스토리가 블로거 수를 늘리기에 장애 요소로 작용하는 게 단점이다.

2 티스토리 블로그의 효과적인 레이아웃

티스토리의 레이아웃은 [화면설정] 메뉴를 사용하여 '티에디션' 기능으로 간편하게 만들 수 있다.

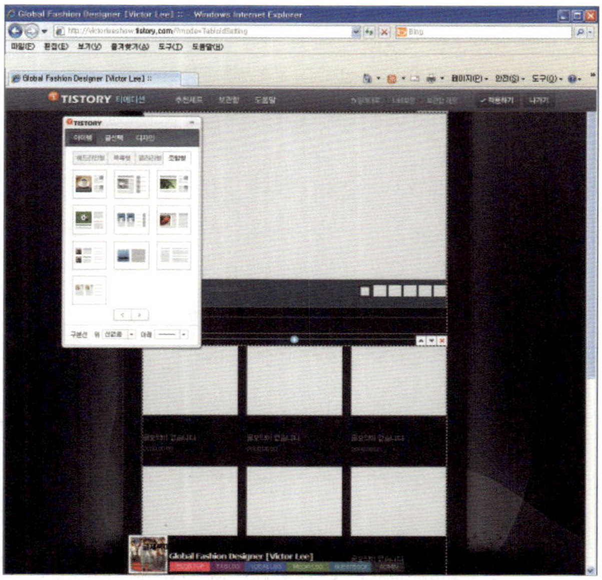

그러나, 이는 기본적인 방법이고 티스토리만의 효과적인 레이아웃은 아니다. 티스토리라고 하면 무엇보다도 자율 구성방식이 장점이기 때문에 내가 원하는 대로 광고도 게재하고, 게시글 내용에 외부 사이트로 링크도 첨가하는 등 최대한 자율성을 강조하는 구성이 바람직하다.

티스토리 블로그는 사실 daum에서 인수하여 포털 사이트에 노출되기 전까진 빛을 보지 못한 서비스였다. 중소기업에서 개발한 설치형 블로그 서비스로 요긴한 기능으로 무장한 블로그 사이트였지만 대다수 사용자들은 daum이나 네이버에서 블로그 활동을 하던 까닭이었고, 티스토리 블로그를 하던 사람들은 기능은 만족하지만 확산성이 없던 단점 때문에 아쉬워하던 시기가 있었다.

그런데, daum에서 티스토리를 인수하여 본격적으로 블로그 내용의 확산성이 살아나기 시작했다. 티스토리에 쓰는 글들이 daum에서 검색결과로 노출되기 시작하면서 상당 수의 블로거들이 티스토리로 옮겨가게 된 것이다. 그 결과 티스토리는 daum 아이디로도 로그인이 가능한데, 이와 같은 과정을 거쳐 티스토리는 daum과 네이버에서도 검색되는 블로그 서비스로 자리잡게 되었다.

티스토리의 효과적인 레이아웃이란 무엇보다도 자율적인 면, 즉, daum이나 네이버의 형태를 따르지 않는 대신 티스토리 블로그 만의 특성을 최대한 활용하는 방향이면 무엇이든 추천한다.

예를 들어, 티스토리의 효과적인 레이아웃은 상단 부분, 그리고 우측 메뉴 부분 등, 블로그 곳곳에 광고와 메뉴, 각 기능, 링크 이미지를 넣어야 한다. 티스토리 블로그는 한 명의 사용자가 여러 개의 블로그를 만들고 운영할 수 있으며, 한 개의 블로그에서 다수의 운영자가 공동으로 관리할 수 있기도 하다.

티스토리 블로그를 활용하여 인터넷 매체로 활용하는 블로거들도 다수 있으며, 인터넷 마케팅의 수단으로 활용하여 연간 꽤 짭짤한 수익을 올리는 블로거들도 많다.

다만, HTML에 대한 지식이 거의 없지만 블로그를 티스토리에 설치하고 배워가며 운영하고 싶은 분들을 위해 필자가 추천하는 효과적인 레이아웃은 다음과 같다. 두 가지 예를 들어 설명하겠다.

출처 : http://cusee.net/

이 블로그는 상당히 간단한 구조를 지녔지만 내용적인 면에서 전문적인 식견이 돋보이는 좋은 블로그이다. 구성은 좌측에 본문 내용을 담고, 우측에 역시 메뉴를 배치했다. 스킨은 따로 만들지 않고 티스토리에서 제공하는 기본 스킨을 사용했다. 이 블로그는 2011년 티스토리 우수 블로그에 선정되었다.

다음 소개하는 블로그는 티스토리 블로그의 장점을 충분히 살린 레이아웃을 설명하기 위해 추천한다. 블로그의 상단 이미지 영역을 비롯하여 좌측, 우측에 빠진 곳 없이 광고를 삽입했다. 뿐만 아니라 SNS 아이콘을 블로그 좌측과 페이지 하단에 배치하여 블로그 구독을 고려하게 만들기도 했고, 본문 내용도 양질의 콘텐츠로 구성했다.

출처 : http://www.neoearly.net/

위 두 가지 티스토리 블로그를 추천 레이아웃 형태로 제시한 이유는 간단하다. 어떤 블로그던지 사실 겉모양은 그다지 중요한 게 아니다. 무엇보다도 내용적인 면에서 양질의 콘텐츠를 담아내야만 좋은 블로그가 된다는 간단한 이치를 설명하려는 목적이다.

그러나, 다만 본인이 HTML을 비롯하여 iframe, 플래시 등 컴퓨터 언어에 대해 기본적인 지식을 갖추었다면 주저 없이 티스토리 블로그를 추천한다. 물론, 티스토리 블로그 자체로서는 포털 사이트 노출을 통해 방문자 수가 늘어날 것이란 결실을 담보할 순 없다는 점이 단점이긴 하지만 자신만의 블로그로 활용하여 특색 있게 꾸미는 데는 최고로 인정된다.

3 티스토리 블로그에서 메뉴 구성 노하우

티스토리 메뉴는 딱히 고정적인 영역을 정하는 대신 전체적인 메뉴를 아우르는 포괄적인 명칭을 정해서 꾸준히 내용을 올리는 게 중요하다.

티스토리 블로그가 방문자 수를 늘리려면 무엇보다도 포털 사이트에 노출되는 내용들이 많아야 하는데 시간이 흐를수록 콘텐츠 경쟁이 심해지면서 티스토리 블로거들은 daum이나 네이버 블로거들보다 뒤로 처지는, 검색결과 페이지에서 뒤쪽 페이지로 밀리는 일들이 생기기 때문이다.

따라서, 티스토리 블로거는 자신의 특정한 전문 영역이 있을 경우엔 해당 분야 메뉴와 주제로 집중적인 내용을 구성하는 게 바람직하지만 그렇지 않을 경우, 티스토리 블로그 방문자 수를 늘려 수익을 얻고자 한다면 daum이나 네이버에 노출될 만한 주제는 일단 모두 섭렵하는 게 좋다.

예를 들어 설명하기 위해 먼저 daum에서 '아이폰'이란 검색어를 입력해서 결과 페이지를 살펴보니 블로그 영역 첫 페이지에 나타난 블로그는 네이버 블로그가 다수이고, 티스토리 블로그가 그 다음이었다.

반면에, 네이버에서 아이폰으로 검색을 한 후 블로그 영역을 살펴본 결과, 첫 페이지에 노출되는 블로그들은 모두 네이버 블로그였다.

블로그 1-10 / 1,012,014건 소셜네트워크 검색 ›

[아이폰5] 출시일 디자인 알아보기 2012.02.01
[아이폰5] 출시일 디자인 알아보기 버튼과 함께 아이폰5의 세계로 ^^ 아이폰5 출처 - 구글 이미지 스티브 잡스가 죽기전에도 아이폰5에 관한 엄청난 수의 루머가 있었는데요....
3guys.co.kr/20149686733 세남자의 부동산 이... | 블로그 내 검색

아이폰 어플추천, 트래포트 SNS 이벤트 9시간전 | 검색어표시
아이폰 어플추천, 트래포트 SNS 이벤트 아이폰어플추천 트래포트 SNS 댓글, 발렌타인데이 페이스북 이벤트 아이폰 여행어플 추천하는 트래포트가 소셜댓글...
blog.naver.com/gyoil/30131134365 요리/육아/IT/리뷰가... | 블로그 내 검색

아이폰침수 대처법 2012.02.09 | 검색어표시
아이폰이 물에 빠졌을때 대처법 소개입니다. 서면대, 변기등 부주의로 인해서 아이폰이 물속에 풍덩~ 아이폰침수 사고가 빈번하게 발생합니다. 실수로 물속에 빠뜨린...
blog.naver.com/6517069aa/100150598552 스마일매니아^^ | 블로그 내 검색

[B.A.P] B.A.P 젤로 아이폰 배경화면_젤로1 2012.02.12 | 검색어표시
ほんとうですか 나는 아이폰 없는데...아이폰 배경화면 만들고 있는 것이 함정 또, 다른 것도 만들어 봐야짐ㅋㅋ ★ 젤로 아이폰 배경화면 ver.2 ↓ http...
blog.naver.com/vsvsvsvsj/50133821439 고요한 青春 | 블로그 내 검색

아이폰5 vs 갤럭시S3 2012.02.05 | 검색어표시
아이폰5 vs 갤럭시S3 포스팅 중에 리퍼 후 생긴 제 아이폰의 오류 보셨나요..? 제 아이폰 상태가 영 메롱이라서.. 요즘 아이폰5 와 갤럭시S3 사이에서 엄청난 고민...
blog.naver.com/khjh1001/70130586389 KA♥WORLD | 블로그 내 검색

▲의정부아이폰수리▲ 2시간전 | 검색어표시
▲의정부아이폰수리▲의정부아이폰수리 아이폰4 컬러하우징은 [의정부아이폰수리]애플아이에서 특별한 아이폰4를 만들어 보세요. 아이폰올컬러 튜닝도 의정부아이폰수리...
blog.naver.com/jini1008da/140152126801 Mr.J의 아빠와 딸의... | 블로그 내 검색

♦의정부아이폰수리♦ 3시간전 | 검색어표시
♦의정부아이폰수리♦의정부아이폰수리 [의정부아이폰수리]점 애플아이로 오세요. 아이폰4s 수리전문점입니다. <의정부아이폰수리>는 애플아이가 잘합니다. 안녕하세요....
blog.naver.com/jini1008da/140152122177 Mr.J의 아빠와 딸의... | 블로그 내 검색

아이폰홈버튼-수리 5시간전 | 검색어표시
아이폰홈버튼이 작동이 되지않아서 수리를 많이 요청을 합니다 아이폰홈버튼이 작동이 되지 않는 이유는 홈버튼케이블이 문제가 있어서 서로 작동이 되지 않는것입니다...
blog.naver.com/ydgbb1/20150736353 애플클리닉엔지니어 | 블로그 내 검색

이 경우를 예로 들어 설명하자면, 인기 키워드를 사용해서 티스토리 블로그 메뉴를 구성할 경우 daum이나 네이버에 노출될 가능성은 전혀 없다고 봐야 한다는 뜻이다.

daum에서는 티스토리 블로그를 밀어주는 모습을 견지하고는 있으나 자사 사이트 내에서조차 네이버 블로그를 노출시켜 주며 검색결과 링크를 통해 네이버로 트래픽이 이동하도록 하고 있다. 이는 단순히 트래픽의 내용적인 높고 낮은 수준의 문제만은 아니며 daum과 네이버 블로그 서비스가 별개의 것이 아니라 하나의 블로그 상태계를 형성하는데 어느 정도 의견 일치를 보는 것과 같다고 봐야 한다.

따라서, 티스토리에서 블로그를 운영하는 블로거들은 daum과 네이버 블로그를 살펴보고 해당 사이트에서 다루지 않는 블로그 영역을 선별해서 자신의 블로그 내용으로 만들어내는 게 바람직하다.

인터넷 분야는 그 어느 곳보다도 '선점'의 지위가 인정받는 곳이다. 남들보다 먼저 진출해서 다양한 정보를 확보한다면 후발주자들은 선두와의 격차를 따라잡지 못하고 영원한 2등, 영원한 후발주자가 되고 마는 게 인터넷 분야이기 때문이다.

4 티스토리 블로거들의 특징

티스토리 블로거들은 초창기 daum에서 활동하거나 네이버에서 활동하던 블로거들이 많다. 제한적인 포털 사이트의 메뉴 설치 방법과 운용할 수 있는 기술들이 한정되어 있는 까닭에 개방성을 찾아 티스토리로 온 사람들이 대부분이다.

그리고, 구글의 애드센스에 힘을 달아 daum 사이트 내에서 검색결과로 노출되면서 순풍에 돛을 단 듯 더욱 확장세를 더해갔는데 2012년 무렵에는 daum이나 네이버로 다시 회귀하는 모습을 보이기도 했다.

티스토리는 개방성이 좋았지만 블로그 방문자 수를 확보하는 데는 어느 정도 한계가 있는 까닭이었다. 티스토리에서 우수 블로거로 활동하는 블로그의 경우 하루에 3천 명 내외 정도의 방문자를 유지하는데, 이와 같은 수치는 daum이나 네이버의 경우 하루에 수만 명에 달하는 것에 비교할 때 턱없이 부족한 것이었다.

따라서, 티스토리 블로거들은 컴퓨터 언어에 대해 기본적인 지식을 갖춘 상태이면서 웹디자인 및 프로그래밍에 기술력을 갖춘 IT 분야 인재들이 많았다. 이들은 daum이나 네이버의 블로거 서비스를 너무 갑갑하다고 여기고 개방형 블로그인 티스토리에 왔는데 이들 대다수는 블로그로 수익을 내려는 목적이 없는 탓에 지금도 꾸준히 티스토리에서 활동을 이어가고 있다. 네이버나 daum 블로그에는 외부 광고를 넣기가 불가능했고, 티스토리 블로그엔 광고 제약이 없었음에도 말이다.

이와 다르게, 비슷한 시기에 티스토리로 옮겨온 또 다른 블로거들은 수익을 얻기 위해 블로그에 구글 광고를 설치하려는 목적으로 온 사람들이 대다수였고, 그 다음으로는 인터넷쇼핑몰을 운영하는 사람들로서 자신의 인터넷쇼핑몰을 홍보하기 위해 daum 이나 네이버보다는 홍보성 글에 관대한 티스토리로 오게 된 경우가 대부분이었다.

이와 같이 티스토리로 옮겨온 목적에 따라서 구분되는 블로거들은 순수하게 블로그가 좋아서 온 사람들의 경우 자신의 전문 분야에 대한 정보와 지식을 꾸준히 올리는 등 활동을 이어가고 있는 반면에 홍보를 목적으로 티스토리 블로그를 만들려고 온 사람들은 자신의 사업체의 흥망성쇠에 따라서 티스토리에 남거나 금세 다른 곳으로 떠나기도 했다.

5 내 블로그 방문자 수 늘리는 법

티스토리 블로그를 운영하면서 방문자 수를 늘리는 방법은 daum이나 네이버 검색결과 페이지에 노출되는 콘텐츠를 만드는 일이 가장 좋다. 그 방법은 인기 검색어, 실시간 급상승 검색어를 활용하여 검색 빈도가 급증하는 관련 콘텐츠를 만드는 방법도 있겠으나 그건 daum과 네이버에서 활동하는 블로거들에 의해 뒤로 밀쳐질 가능성이 많으므로 주요 전략으로 삼아서는 안 된다.

생각해보더라도, 포털 사이트에서는 自社 블로거 위주로 검색결과를 노출해서 트래픽을 몰아주는 정책을 펴는 게 당연하다. 아무리 좋은 콘텐츠라고 하더라도 그 내용 면에서 조금 부족한 블로거일지라도 네이버 블로그를 네이버에서 노출시켜 주게 되고, daum 블로그를 daum 내에서 노출해 주게 되는 것이다.

포털 사이트를 운영하는 회사에는 첫 페이지 담당팀, 각 메뉴별 담당팀을 비롯하여 검색결과 노출 담당팀도 있다. 이들이 하는 업무는 자체 블로그를 활성화시키고, 이용자들이 자사 사이트에 머물도록 하는 게 목적이다. 만약 여러분이라면 티스토리 블로그와 자사 블로그가 있을 때 어느 쪽을 검색결과로 나타내줄 것인가? 자사 블로그 서비스를 보이면 자사 사이트에 머물고, 티스토리를 보이면 티스토리로 이동하는데 말이다.

따라서, daum과 네이버가 티스토리를 대하는 시선은 주식이 아니라 반찬 정도로 생각할 수밖에 없다는 의미다. daum과 네이버에서 충족하지 못하는 콘텐츠가 있을 경우를 대비하여 티스토리 콘텐츠를 검색결과로 노출한다는 뜻이다.

그러나, 티스토리 블로그라도 daum이나 네이버에서 검색결과로 노출되며 두 포털 사이트로부터 방문자를 끌어올 수 있는 방법이 있는데, 그건 바로 두 포털 사이트에서 해결할 수 없는 좋은 콘텐츠를 업로드 하는 것이다.

방법을 설명하자면, 티스토리에 올릴 주제가 생각났을 경우 글을 작성하기 전에 먼저 daum과 네이버에서 검색을 해보고 관련 블로그 내용이 있는지 조사하는 일이다. 샅샅이 뒤져보고 심지어 구글에서 관련 내용을 다시 검색해 보고 최종적으로 내가 올리려는 콘텐츠가 희소성이 있는지 여부를 따져야 한다.

심사숙고하여 티스토리에 내용을 작성할 때는 사진이나 동영상을 비롯하여 주제에 연관된 설명 자료를 최대한 첨부하도록 한다. 그리고, daum에 올리게 되면 포털 사이트에 노출되는 순간 담당자들이 내용을 검토하게 되고 특정 키워드의 검색결과로 사이트에 노출할 것인지를 다시 결정하게 될 것이다.

4 트위터에서 인기 사용자 되는 법

트위터를 사용하는 국내 사용자 수는 몇 명이나 될까? 세계적으로 수억 명에 달하는 사용자를 보유한 트위터(www.twitter.com)는 스마트폰 한 대만 있으면 실시간으로 다른 나라 사람들과도 메시지를 주고받을 수 있는 대표적인 SNS 서비스이다. 이에 따라 한국에서도 사용자들이 부쩍 늘어났는데, 트위터를 사용하는 한국인 계정 수는 2012년 3월 기준 대략 500만 개를 넘어서 600만 개로 향한다.

시간이 흐를수록 인기를 더해가는 트위터를 사용하는 사람들은 팔로워를 통해 그 세력을 나타내기도 하는데, 1인 사용자 계정이 100만 명을 넘어서는 팔로워를 확보하는 경우가 등장했고, 그 뒤를 이어 수십만 명을 확보하며 유명해진 인기인들이 트위터 안에서 수많은 사람들과 실시간 소통을 나누는 시대에 살고 있다.

지난 2006년에 시작된 트위터는 블로그와 미니홈페이지, 메신저 기능을 한데 엮어 둔 것으로 설명되는데, 트위터를 사용하려는 가장 큰 이유는 평소에 나와 전혀 상관없을 것 같았던 유명인들을 온라인에서 자유롭게 만나고 대화를 나눌 수 있다는 호기심이 충족된다는 점 때문이었다.

트위터가 국내에 알려지기 시작하면서 일부 유명인들이 먼저 트위터로 진출했고, 여기에 다른 사용자들이 자신이 좋아하는 유명인을 찾아 트위터 계정을 만들고 그 글과 실시간으로 서로 소통하게 되면서 처음엔 팬덤 중심문화로 급속도로 확산된 것이다.

그러나, 트위터는 2012년 새로운 도전을 맞이하고 있다. 각 나라별로 금기하는 단어를 트위터 상 오고가는 메신저 내용에서 블라인드 처리한다는 방침을 밝힌 것인데, 온라인상에서의 자유로운 소통을 바탕으로 세계적인 명성을 이어온 트위터가 각 나라의 권력 앞에 언로를 차단하는 것 아니냐는 의구심이 생기면서 일부 트위터 사용자들 중심으로 계정 탈퇴를 하기 시작했다.

게다가, 트위터 사용자들이 자신의 일거수일투족을 실시간으로 타임라인에 올리면서 이를 눈여겨 본 도둑들이 빈집을 침입해 도둑질 행각을 벌이는 등, 범죄의 대상이 되기도 하며 트위터의 문제점이 도출되기도 했다. 또한, 트위터와 같은 소셜네트워크 서비스들이 미국 시장을 중심으로 하나둘 생기게 되었던 바, 페이스북에 이어 2위를 수성하던 트위터 서비스이면서 다른 서비스들과의 치열한 경쟁을 벌이고 있다.

자, 그럼, 마이크로 블로그, 미니 블로그라는 이름으로 시작된 140글자로 이뤄지는

소통의 힘 트위터를 활용하는 방법은 무엇일까? 스마트폰의 인기와 더불어 동반 성장한 소셜네트워크 서비스 트위터에 대해 살펴보자.

1 트위터의 장/단점

(1) 장점

트위터의 장점은 실시간으로 이뤄지는 소통이다. 그것도 인터넷망을 근간으로 문자 메시지와 같은 효과를 갖지만 비용은 들지 않는, 편리한 소통 도구이기도 하다. 트위터는 미니 블로그로서 자신의 생각과 의견을 올리기도 하고, 팔로워(follower)와 팔로윙(following) 관계인 사용자들과 나누는 특정 주제에 대한 의견 교환도 매력적이다.

추가적인 트위터의 장점은 기존의 신문이나 방송보다도 더 빠른 '뉴스' 매체의 역할을 수행한다는 점이다. 이집트에서 소요사태가 일어났을 때 기존 매체들보다도 더 빠르게 현장 소식을 전해온 것은 트위터 사용자였다. 현장 사진과 분위기를 실시간으로 전 세계에 전파하면서 이를 바탕으로 매체의 기자들이 다시 취재에 나서는 진풍경이 연출되기도 했다.

(2) 단점

반면, 트위터의 단점은 잘못된 정보가 등장할 경우 이에 대해 걸러낼 장치가 없다는 점이다. 가령, 국내에서 트위터 사용자가 장난삼아 올린 글로 '○○○ 자택에서 숨 쉰 채 발견'이란 멘션(mention)이 있었다. 이를 잘못 본 많은 사용자들이 ○○○에 대해 사망한 것으로 알고 트위터의 RT(ReTweet) 기능을 사용해서 다른 사람들에게까지 급속도로 전파된 사고가 터졌다.

나중에 처음 유포된 글을 자세히 트위터 사용자들은 '숨 쉰 채'라는 부분을 보고 자신들의 실수였으며 섣부른 오해가 큰 파장을 불러왔다는 것에 대해 트위터의 오용을 걱정하기도 했다.

이뿐 아니다. 트위터에 어느 날 '사람을 찾습니다'라는 메시지가 화제가 된 적이 있다. 가족이 연락이 안 된다부터 친한 친구 ○○○를 찾는다는 글까지 트위터에서 인기를 끌던 내용인데, 나중에 밝혀지기를 돈을 빌려준 사람이 돈을 안 갚고 잠적한 채무자를 찾기 위해 트위터를 교묘히 이용했었다는 사실이 드러난 적이 있다.

자신이 찾고자 하는 채무자의 인상착의와 옷차림, 사는 곳이나 전화번호를 올려두고 이 사람을 발견하면 자신에게 연락해 달라는 글을 올렸던 것인데, 나중에 밝혀지기를 악덕 채권자였다는 사실이 드러나면서 많은 트위터 사용자들이 황당해하는 경험을 한 적이 있다. 선의의 행동으로 사람을 찾아주고자 했던 것인데 누군가의 음모에 휘말려버렸다는 나쁜 기억 때문이다.

이와 다른 경우로, 국내 대학에 재학 중인 모 대학생은 자신의 팔로워 200여 명 정도에게 트위터 메시지를 올리길 '논문 숙제를 해야 하니 설문에 답해 달라'는 메시지를 띄웠다. 처음에 이 대학생은 팔로워들로부터 올 메시지라고 해봤자 100여 건 정도 되면 많을 것이라고 생각했다고 고백했는데, 팔로워들이 이 학생의 설문을 계속 RT하면서 나중에 이 학생에게 전달된 설문 응답자 수는 10만 건이 넘었다고 한다. 결국 멈추지 않고 쏟아지는 설문 응답자들 때문에 자신의 트위터를 사용할 수조차 없었던 이 학생은 다시 트위터에 올리길 이제 그만 보내달라는 읍소를 펼치기도 했던 것이다.

이와 같이 트위터는 실시간 메시지 전파력과 사용자를 엮은 촘촘한 관계망을 가졌다는 특징 덕분에 짧은 시간에 세계적으로 성장한 인터넷 서비스가 되는데 성공했다. 많은 사람들이 누군가 낯선 사람들과 온라인에서 만나고 대화를 나누는데 대해 어색해하지 않았으며, 인터넷을 기반으로 카페모임을 만들어 활동하는 트렌드에 적합했던 덕분에 많은 사람들의 호응을 이끌어냈던 점도 유효했다.

그러나, 밥을 끓이면서 너무 빨리 덮개를 열어버린 탓인지 트위터를 사용하는 사람들은 또 다른 무언가를 기대하는 시선을 보내고 있는 중이다. 더 재미있고 더 빠른 서비스를 기대하는 수요를 생각해야 하는 상황에 도달한 것이다. 그 이유로 급속도로 이룬 성공 뒤에 찾아오는, 제대로 다져지지 않은 미숙함이 드러난 것인지 눈여겨 봐야할 상황이다.

2 트위터의 효과적인 레이아웃

트위터는 프로필 사진과 메시지로 이뤄진다. 일반적인 블로그는 스킨을 설정하고 레이아웃을 구성해서 메뉴 모양, 로고 모양 등 블로그 구성 부분에 대해 블로거의 노력이 필수적으로 필요하지만 트위터는 계정을 만들고 로그인하면 모든 과정이 끝난다.

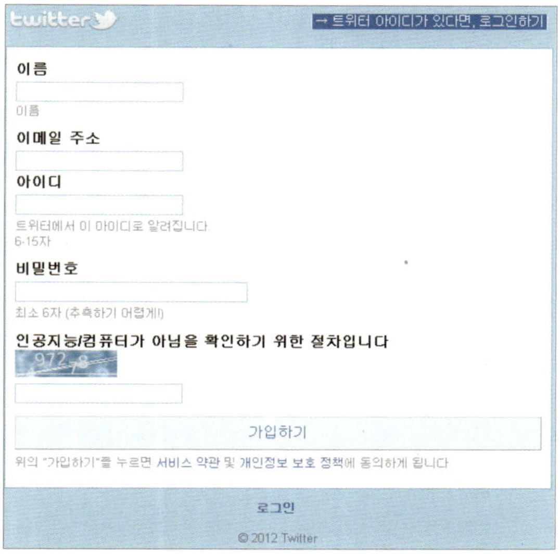

이렇게 간단한 트위터이지만 가장 기본적인 스킨을 설정하는 단계가 있다. 프로필 사진을 올리고 배경 이미지 패턴을 선택할 수도 있는데, 사용자들이 컴퓨터 대신 스마트폰이나 태블릿PC에서 트위터를 사용하게 되면서 더 이상 의미가 없는 일이 되어버렸다. 프로필 사진 하나랑 열심히 메시지를 작성하고 다른 이들과 소통하려는 의지와 끈기만 있으면 누구나 트위터 사용자가 될 수 있다.

그런데, 트위터에서는 중요하게 신경써야 할 기능이 하나 있다. 그건 바로 프로필 설정 과정이다. 트위터 초창기에는 자신을 팔로윙하는 모든 이들을 맞팔(서로 팔로윙하는 관계)하는 게 익숙했으나 사용자들이 증가하면서 사람들은 상대방의 프로필을 먼저 확인하고 자신이 팔로윙을 해줄 것인지 말 것인지 선택하게 되었다.

온라인에서 처음 알게 된 사람이지만 정확한 신원도 모르고 얼굴도 본 적이 없는 상태에서 선불리 팔로윙하지 않겠다는 의식이 생겨나기 시작한 것이다. 그래서, 누군가 나를 팔로윙한다고 해도 그 사용자의 얼굴 사진이나 자기 소개가 부족하거나 없을 경우에는 팔로윙을 꺼리게 된다는 사람들이 늘어났다.

트위터를 사용하면서 팔로워들을 많이 모으고 싶다면 자신의 얼굴 사진을 넣고, 프로필 공간에도 다른 이들에게 공개하고자 하는 내용을 소개해 두어야 한다.

3 트위터에서 활용 노하우

트위터는 간단하다? 아니다. 그렇지 않다. 140글자로 이뤄지는 실시간 메시지 소통 서비스라고 하기엔 트위터에 대해 알아둬야 할 기능들이 있다. 누구나 계정을 만들고 팔로윙 상대방을 선택한 뒤에 자신의 메시지를 작성한다고 해서 끝이 아니다. 똑같은 사용자로 시작하지만 누구는 팔로워 수가 수백 명, 수만 명이 넘고 왜 다른 사람은 시간이 흘러도 계속 10명 이내의 팔로워에 만족해야 할까 궁금하다면 그 차이를 알아두자.

(1) RT 기능

트위터는 무엇보다도 RT 기능에 익숙해야 한다. RT(Retweet)는 내가 받아본 메시지를 다른 이들에게도 전달하는 방법으로 트위터의 핵심 기능이다.

가령, 내가 A를 팔로윙한다고 할 때, A가 쓴 메시지들이 내 트위터 계정으로 들어오게 된다. 이때 A의 글을 본 내가 다른 이들에게도 알릴만한 좋은 내용이라고 여겨질 경우 RT 기능을 누르면 나를 팔로윙하는 다른 사람 B에게 A의 메시지가 그대로 전파된다. A와 B는 서로 모르는 사이지만 중간에 나를 통해서 B가 먼저 A를 알게 되고, B가 A를 팔로윙했을 경우 A 역시 B를 알게 되어 A와 B가 서로 팔로윙 관계가 될 수 있다.

트위터의 RT 기능은 A와 B와 C 등, 서로 모르는 사용자들을 서로 이어주는 기능이다. 또한, RT 기능을 이용하면 나를 다른 사람에게 알릴 수 있는 수단도 되는데, 예를 들어, A가 자신의 팔로워들인 나를 포함하여 D, E, F, G에게 메시지를 썼을 경우 그 글을 내가 RT하게 되면 D, E, F, G에게 나의 존재가 알려지게 된다.

트위터에서는 서로 팔로윙, 팔로워 관계가 아니더라도 다른 사람의 트위터 계정으로 메시지를 보낼 수 있으므로 나를 알리는데 효과를 발휘하는 것이다. 이와 같은 방법으로 RT 기능을 사용하게 되면 나를 팔로워하는 사람들이 늘어나는 모습을 확인할 수 있다.

(2) 멘션 작성하기

트위터에 메시지를 쓰는 것을 '멘션(mention)을 작성한다'라고 표현한다. 이 외에도 '트윗한다'라고도 말하는데, 메시지라는 말 대신 '트윗'이라고 부르거나 '팃'이라고도 쓴다. 또한, ReTweet(리트윗: 재전송)이라는 말 대신 RT라고 쓰거나 한글로 '알티' 또는 '알튀'라고도 쓰고, 리트윗해 달라는 표현으로 '무한알티'라는 표현도 쓴다.

이와 같이 트위터에 메시지를 쓴다는 것은 내가 트위터를 사용하고 있다는 것을 의미한다. 누군가 다른 사람들과 소통하지 않으려면 트위터를 할 필요가 없는 것처럼 트위터 계정을 만들었다면 다른 사람의 글을 읽는데 만족하지 말고 나도 내 계정에 글을 쓰도록 해야 한다. 이렇게 글을 쓰는 일을 '멘션을 작성한다'라고 말할 수 있다.

mention을 작성할 때는 존댓말을 하거나 반말로 쓰기도 하는데, 존댓말을 쓸 때는 다른 사람들과 의견을 나누는 경우이고, 반말로 쓸 때는 나 혼자 혼잣말을 한다는 의미로 받아들이게 된다.

트위터를 사용할 때는 팔로워 수를 늘리는데 초점을 맞춰 글을 쓰기보다는 자신의 이야기를 들어줄 대화 상대에게 이야기하듯이 내용을 적는 게 바람직하다. 궁금한 점이나 알고 싶은 일들에 대해 질문을 올려도 좋고 자신이 알고 있는 일에 대해 답변을 달아도 좋다.

또한, 자신의 주변에서 일어나는 실시간 뉴스들을 트위터에 올려서 다른 이들과 공유할 수도 있는데 이 경우 뉴스의 중요도에 따라서 많은 사람들이 동참하며 급속도로 전파되는 일도 생길 수 있다.

(3) 팔로워 늘리기

자, 그럼 이제 트위터를 시작한 상태에서 어떤 mention을 작성해야 대화 상대가 늘어날 것인지 생각해 보자.

팔로윙은 어려운 문제가 아니다. 트위터에 로그인한 상태에서 내가 이야기를 듣고 싶어 하는 상대를 찾아 트위터의 팔로윙 버튼을 마우스로 클릭하기만 하면 된다. 이 경우, 상대방은 내 프로필을 보고 맞팔을 할 것인지 고려하겠지만 상대가 맞팔을 해주지 않더라도 그 사람의 메시지를 내가 받는 데는 지장이 없다.

단, 그 사용자가 내게 메시지가 전달되는 것을 원하지 않는다면 그 사람은 자신의 트위터에서 나를 블락(block) 처리할 수 있는데, 그 사람이 쓰는 메시지들을 내가 받아볼 수 없으며 내가 쓰는 메시지도 그 사람에게 보낼 수 없다.

이 경우, 팔로윙을 한 상대로부터 블락 처리를 당했다면 그 사람은 역시 상대방을 언팔(Unfollow)하는 상황이 벌어지는데, 이는 다른 말로 '팔로우를 하지 않겠다'는 기능이다. 메시지를 나누고 싶어서 팔로윙했지만 이제 마음이 바뀌어서 팔로윙을 해제하고 싶을 때 '언팔'을 하게 된다.

트위터를 사용하면서 어떻게 하면 팔로워 숫자를 늘릴 수 있을까?

❖ 팔로윙

일단 선팔(먼저 팔로윙)을 하는 것이다. 그럼, 상대방도 나를 팔로윙해 주는 경우가 많다. 이는 트위터를 사용하는 사람들끼리의 예의와 같은 것으로 서로 소통을 하자는 규칙과 같다.

다만, 인기인이나 연예인 등과 같은 사람들은 팔로윙 숫자가 급속도로 늘어나고 그 수가 너무 많아서 내가 먼저 팔로윙을 한다고 해도 일일이 맞팔을 해줄 수가 없는 상황이 있다. 하루에 천 명씩 팔로윙 숫자가 늘어난다면 일일이 계정을 클릭해서 팔로윙하는 일만 하더라도 몇 날 며칠이 걸리기 때문에 다른 일은 아무 것도 못하기 때문이다.

❖ RT

팔로윙을 먼저 하는 방법 외에 팔로워 늘리는 방법은 인기 사용자 계정의 글들을 RT하는 방법이다. 인기 사용자의 경우 다른 사용자들과 소통이 원활해서 하루도 수십 번, 수백 번의 트윗을 작성하는데 이때 그들의 메시지를 자세히 보면 다른 사용자들에게 묶어서 전달하는 내용들이 많다.

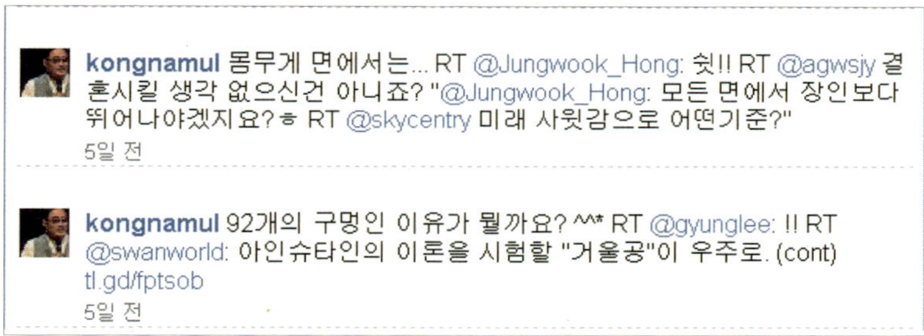

가령, A가 유명인이라고 할 때 그의 메시지가 "안녕하세요! @wksjdy @djsywt @ssw @dkfjwy @dksjhwww" 등으로 표시되는 경우다. 이는 A가 자신의 팔로워들에게 보내는 메시지인데, 이런 글을 내가 RT하게 되면 내 글이 A의 팔로워들 @wksjdy @djsywt @ssw @dkfjwy @dksjhwww에게 고스란히 전달된다. 이때, 내 글을 받아본 사용자들은 나를 팔로윙을 해주는 경우가 많다.

(4) 좋은 글 인용하기

트위터 사용자들은 의외로 글을 쓰는 사람들이 많지 않다. 국내 사용자 수가 수백만 명을 넘어서더라도 트위터 타임라인에 올라오는 트윗들을 자세히 보면 팔로워를 많이 보유한 5% 이내의 사람들이 쓰는 내용들이 대부분이다.

왜 그럴까? 그 이유는 한 가지인데 글을 쓰는데 용기를 내지 못하는 사람들이다.

트위터를 만들었지만 누군가 낯선 사람들과 소통하는 자체를 두려워하는 경우도 있고, 익숙해지기 전까지 기다리는 사람들도 많다. 이들은 자신들이 팔로윙하는 사람들이 올리는 글을 보면서 서서히 트위터에 적응하는 경우가 대부분이다.

따라서, 만약 사람들이 트위터를 사용하는데 먼저 팔로윙을 하고, RT를 해서 어느 정도 팔로워 숫자가 생겼다면 그 다음엔 좋은 글쓰기를 시도하는 게 좋다. 이 방법은 트위터에 뭔가 글을 쓰고 싶지만 어떤 글을 써야할지 잘 몰라 하는 사용자들을 위한 방법인데, 내가 쓴 좋을 글을 본 그들이 RT를 하게 되고, 그 글들이 누군가 또 다른 사람들에게 전파되며 내 계정이 알려지게 된다. 좋은 글을 쓰면서 내 팔로워를 늘리는 방법인 셈이다.

이 방법을 사용하면 효과가 있는지 어떻게 아냐고 궁금할 수 있다. 그 경우엔 열심히 트위터를 하다가 내 타임라인에 올라온 트윗 중에서 사용자를 클릭해 보자. 만약 @______라는 계정을 지닌 사람이 내게 글을 쓴 게 있어서 그 사람의 프로필을 보려고 클릭했는데 트위터 사용자 계정 아래에 표시되기를 "나를 팔로윙하지 않았습니다."라는 메시지가 뜬다.

트위터에는 특정 사용자를 클릭하고 프로필을 볼 때 3가지 메시지가 표시되는데, '나를 팔로윙하지 않았습니다', '나를 팔로윙했습니다.', '맞팔관계입니다'라는 내용이 나타난다.

이를 통해서 알 수 있는 것은 내가 팔로윙하지 않았고, 나를 팔로윙하지 않은 사람일 경우라면 누군가 내 글을 RT함으로써 내 글을 본 사용자가 내게 트윗을 보낸 것이 된다. 내 글을 보던 팔로워가 RT를 하고 내 팔로워를 팔로윙하던 @______가 내게 트윗을 보낸 것이다. 트위터의 메시지 소통에 경계가 없음을 알 수 있는 상황이다.

(5) 콘텐츠 업로드하기

트위터를 사용할 때는 140글자 이내의 단문 메시지를 주로 사용하는 것도 좋지만 이따금 사진이나 동영상을 올려서 팔로워, 팔로윙 관계인 트위터 친구(트친)들과 공유하는 게 좋다. 그 방법은 간단한데, 스마트폰을 사용하는 사람은 메시지를 작성할 때 글자판 위에 메뉴를 눌러서 사진, 동영상 첨부 기능을 열어 사용하면 된다.

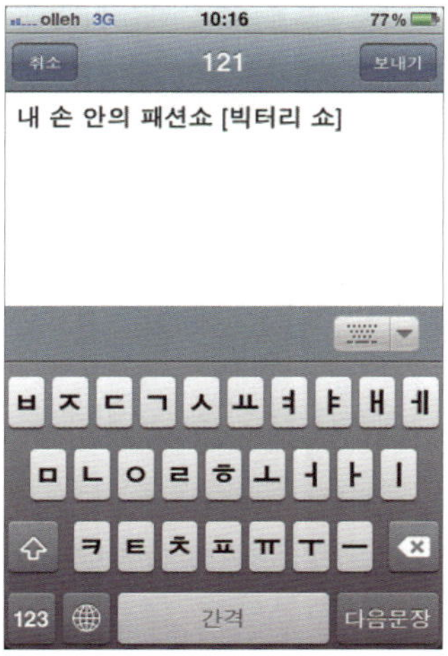

이 방법을 사용하면 스마트폰에 저장된 사진을 트위터에 첨부할 수 있고 스마트폰 카메라로 새로운 사진을 촬영해서 첨부할 수도 있다. 또한, 페이스북과 연동해서 페이스북에 쓴 내용을 트위터에 올릴 수도 있다.

동영상을 첨부할 때는 동영상 주소를 복사해서 트위터 글 작성 공간에 붙여넣기를 하는 방법으로 사용한다. 스마트폰 등에서 사용하는 트위터 애플리케이션에는 긴 주소를 축약해 주는 기능이 있어서 동영상 원본을 볼 수 있는 인터넷 주소도 트위터에서는 짧게 표시된다.

(6) #(해시태그) 사용법

트위터를 사용하면서 다른 사람들이 쓰는 내용을 보고 싶을 땐 어떻게 해야 할까? 다른 사람들이 어떤 대화를 나누고 있으며, 내가 관심 있는 내용에 대해 어떤 이야기들을 나누는지 알 수 있으면 도움되지 않을까?

이럴 경우에는 트위터에서 검색 기능을 실행하면 되는데, 가령, 연예인에 대한 이야기를 나누는 대화들을 검색해 보면 다음과 같은 트윗들이 표시된다.

이에 비해서 해시태그는 대화 내용에서 같은 단어를 찾는 게 아니라 공통 주제에 대해 이야기하는 사람들의 대화를 검색해 주는데, #연예인을 검색해 보면 아래와 같다.

트위터 사용자들은 다른 사람들과 공통된 주제에 대해 메시지를 주고받기를 원할 때 #(해시태그)를 사용한다. #는 트위터 첫 페이지에서 실시간으로 전 세계 사

용자들이 나누는 주제를 분류하여 정리해 주기도 하므로 언제든 확인 가능하며, 특정 주제를 찾고자 할 경우에는 직접 검색할 수 있다.

4 트위터 사용자들의 특징

트위터 사용자들은 호기심과 개성이 강한 사람들이 많다. 트위터를 사용하는 이유는 자신이 몰랐던 누군가와 메시지를 주고받고자 시작하는데 처음엔 유명인이나 연예계 스타들의 트위터 계정을 위주로 시작한다.

연예인으로부터 날아오는 mention들을 보며 간혹 답장도 하고 뜻밖에 연예인으로부터 답장을 받으면 설렘과 동시에 흥분되는 감정을 주체하지 못하겠다는 사용자들도 많다. 평소에 꿈에서만 친할 수 있었던 연예인과 직접 대화를 나눈다는 사실에 흥분을 감추지 못하는 경우이다.

그런데, 어느 정도 시간이 지나면 사용자들은 연예인과 대화를 나누는 것도 시들해지면서 트위터가 따분하게 여겨지는 순간이 온다. 매번 사람들이 올리는 자신들의 신변잡기 일들을 보는 것도 지겹고, 연예인들이 보내는 메시지를 보면서 팬 관리를 하는 구나라는 인식도 생긴다.

트위터 사용자들이 많아질수록 자신의 팔로워 수도 늘어나지만 그들도 자신처럼 트위터를 진지한 의사소통의 창구로 생각하진 않을 것이란 인식이 팽배해지게 되는 것이다. 이런 순간이 되면 사용자들은 일정 기간 트위터에서 떠난다. 뭔가 색다른 일을 찾거나 생업에 집중하게 되면서 트위터를 잊어버린다.

그들이 다시 트위터로 돌아오는 시기는 호기심이 다시 살아났을 때다. 신문이나 방송에서 트위터 사용자들에 대해 뉴스가 흘러나오면 '아, 나도 트위터를 사용했었지?'라며 향수에 젖어 오는 경우를 말하는데 이들 대수는 초창기에 트위터를 신기해 하며 썼을 때와는 다르게 글을 올려도 차분한 글을 쓴다. '간만에 오는 트위터'라던가 '오랜만에 오는 트위터에 다시 시작해 볼까?'라는 인사말이 대다수이다.

대다수 사용자들이 위와 같다면 그 다음 사용자 행태는 집단 플레이의 성향이 강하다. 가령, 트위터에서 수많은 팔로워를 거느린 사용자가 올리는 트윗 내용에 따라 그 글들이 알티가 되고 다른 사용자들에게까지 전파되는 모습을 보면서 순간적인 의무감을 받게 된다.

예를 들어, "어버이 날인데 부모님께 카네이션 달아드렸나요?"라는 글이 RT된다고 할 때, 평소엔 부모님 생각을 잘 안하고 혼자 놀기에 바빴던 사람들일지라도 트위터 상에서 수없이 RT되는 글을 보면서 '나도 카네이션 달아드리러 가야겠다.'는 인식을 갖게 된다.

그 이유는 트위터를 단순한 하나의 인터넷 사이트로 생각하지 않고, 내 손바닥 위에 전화기 안에서 벌어지는 공동체 의식의 연결 통로로 여기기 때문이다.

가령, 컴퓨터에서 보는 인터넷은 나 외에도 다른 사람들이 볼 수 있다고 여기게 되고, 자료를 담아두거나 보안을 신경 써야 하는 행동은 되도록 하지 않는 반면, 스마트폰이나 태블릿PC는 지극히 개인적인 물품인데다가 혼자만의 공간에서도 사용하는 비밀스런 이미지까지 부여하는 덕에 [공용]이라는 이미지 대신 [공동체]라는 인식을 부여한다는 뜻이다.

여러 사람이 사용하는 물건은 '내 것이 아니다'는 인식이 깔리지만 '공동체'라는 인식은 '참여'의 문제가 발생한다.

그래서, 스마트폰 사용자들을 보면 트위터를 이용할 경우 '같이 움직이고 행동'하는 성향이 강한 걸 보게 되는데, 예를 들어 선거일에 등장하는 인증샷 올리기 현상으로 설명할 수 있다. 유명인을 시작으로 투표했다는 인증샷을 올리기 시작하면 그와 팔로워 관계인 사람들이 RT를 하면서 너도 나도 투표 인증샷에 참여하게 되고, 이는 하나의 [놀이]가 되어 공동에 의식으로 강화되는 것이다.

정리해 보면, 트위터 사용자들은 트위터를 사용하는 수많은 개성이 아니라 트위터 안에서 뭉친 집단지성으로 봐야 하는 게 더 적용될 때가 많다는 사실이다. 얼굴도 모르고 직접 만나서 이야기 해본 적도 없는 사람들이지만 트위터라는 인터넷 서비스 안에서 하나의 공동체 의식으로 뭉쳐서 마치 인터넷 카페 멤버가 된 것처럼 행동을 같이 하게 되는 것이다.

이는 트위터 사용자들의 가장 큰 특징으로써 기본적으로 받아들이는 공통된 인식을 갖고 있는데, 가령 트위터 안에서 상업적인 홍보는 금기한다, RT를 통해 기부 이벤트에 참여하는 건 나쁘지 않다, 트위터를 통제하겠다는 건 자유를 억압하는 것이다, 트위터에서 팔로윙 관계를 맺을 때는 상대방의 프로필을 봐야 한다, 내가 팔로윙하는 트친이 올리는 글은 진지하다, 내 마음에 안 드는 글을 올리는 트친은 바로 언팔한다라는 식의 인식이다.

트위터라는 곳에 다른 사람들과 소통하기 위해 찾아온 사람들이지만 어느 순간 자신만의 정보를 얻는 창구로 착각하고 자신의 색깔을 드러내며 트윗을 쓰고 관리하는 모습을 보인다는 점이다. 일부는 자신의 트위터 팔로워를 늘리려고 노력하는 모습을 보이기도 하지만 대다수의 경우 시간이 흐를수록 트위터란 곳에 이따금 들러 사람들이

하는 이야기를 감상(?)하는 단계에서 멈추고 만다.

마이크로 블로그이자 미니 블로그인 트위터에서 블로그 운영자처럼 트위터 사용자가 되어 글을 쓰고 다른 이들이 댓글을 달아 소통하는 방식이 아니라 주로 다른 사람의 글을 RT하는데 치중하게 됨으로써 댓글 속에 들어와 버린 블로그 운영자 입장이 되어버린 것과 같다. 진지하고 심도 깊은 장문의 콘텐츠가 사라지고 순간적이고 실시간 반응 속에 나타났다가 곧 사라져가는 대화 주고받기에 지쳐가게 되는 것이다.

5 내 글 RT 늘리는 법

트위터를 사용할 때 가장 기분 좋을 때는 내가 올린 글이 RT 되어 다른 사용자들에게 전달되는 순간이다. 그래서, 트위터 사용자들은 몇 가지 글 쓰는 행태에 집중하게 되는데, 대표적인 현상이 유머 쓰기, 좋은 글 쓰기이다.

kongnamul 푸하하RT @jinicat: ㅎㅎ대박☺☻ @hahahaksm: ㅋㅋ @mermaidkiss 빵터졌씁돠! @ksc00013 RT @tmdgml167 @zexen98 RT @0329wh @Follow_Kevin887... http://dw.am/LfHnL
5개월 전

kongnamul 앞글만 보고 "저, 이번에 내려요." 광고 생각나던 중이었습니다. 하하 RT @jarrettist: 으하하하 막 내리시면 곤란합니당 ㅋㅋㅋRT @knw1004: @4rangB @B9uD @jarrettist 아 ... http://dw.am/LfBgA
6개월 전

그러나, 이보다 더 RT 되기에 좋은 방법은 상대방의 글에 답장 형식으로 질문을 올리는 방법이다. 내가 올린 질문에 상대방이 답변하기 어려운 상황이면 그 사람은 내 질문을 RT 하면서 자신의 팔로워들에게 답을 부탁하는 일이 벌어진다.

kongnamul ㅋㅋ 그렇잖아도.. 접사렌즈가... RT @zosba79: @kongnamul @815ne @minha7573 망원렌즈를 구입하시면 또 다른 렌즈가 눈에 들어오진 않을까요?
6개월 전

kongnamul 그러게말입니다. ㅜㅜ 망원렌즈.. 아... RT @815ne: @minha7573 @zosba79 300mm는 3년에 한 번, 400mm는 4년에 한 번 쓴다는데요.... ㅋㅋ
6개월 전

kongnamul ㅜㅜ요즘 제눈에 망원렌즈가 아른아른... RT @minha7573: 장비병이세요? ㅎㅎ RT"@kongnamul: 뜨끔.. RT @zosba79: 네 ^^ RT @minha7573: @815ne @zosba79 ... http://dw.am/Leamp
6개월 전

결국, 많은 사람들이 내 계정으로 답변을 해오게 되는데, 질문의 종류를 선택할 때는 특정한 분야의 취미를 가진 사람들 그룹을 목표로 하는 게 좋다.

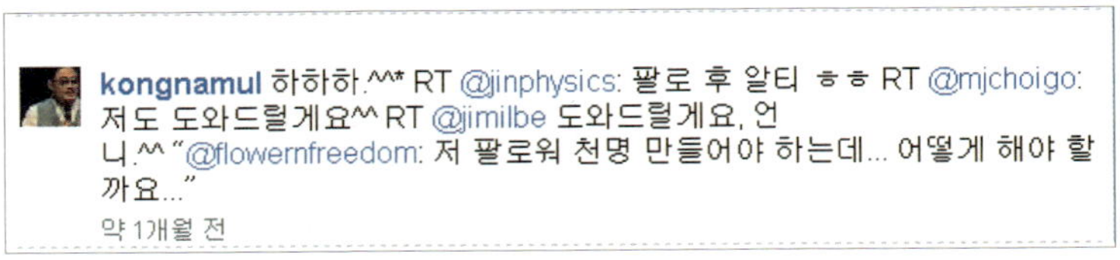

때로는 자신의 목표를 드러내어 사람들에게 부탁하는 것도 좋은 방법이다.

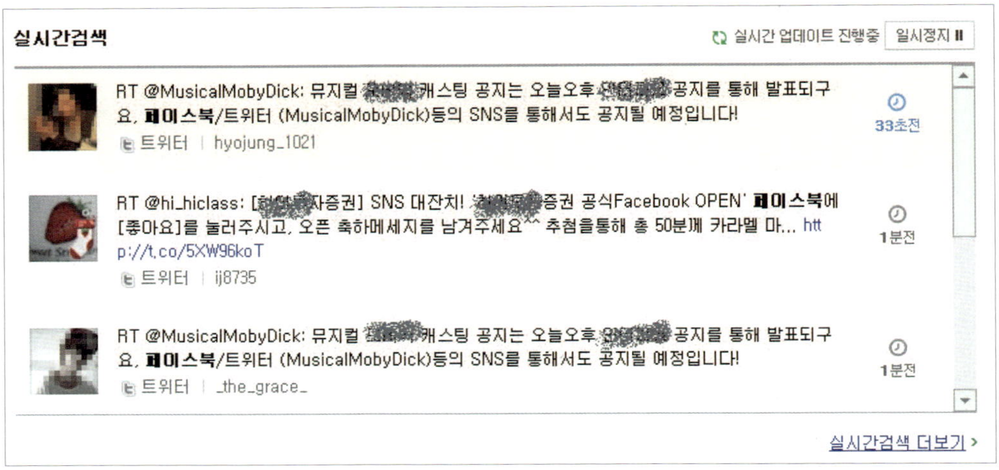

이와 비슷한 방식으로 트위터를 사용하는 사람들은 공연 이벤트나 상품 홍보를 트위터에 올리고 다른 사용자들로부터의 RT를 유도한다. 페이스북에 올리는 공연 정보는 실시간으로 트위터와 포털 사이트 등에 게시되며 RT를 하고 반복되면서 꽤 효과 강한 홍보력을 갖게 된다.

6 트위터에서 인터넷에 홍보하기

트위터 사용자들이 증가하면서 인터넷과 연동되는 현상을 자주 발견하게 된다.

예를 들어, 모바일 스마트폰 위주로 사용하던 트위터를 데스크탑 컴퓨터로 인터넷 접속할 때 포털 사이트에서 발견할 수도 있고, 페이스북이나 여타 블로그에서 글을 쓰면 트위터로 곧바로 올릴 수 있는 기능 지원 같은 것을 말한다.

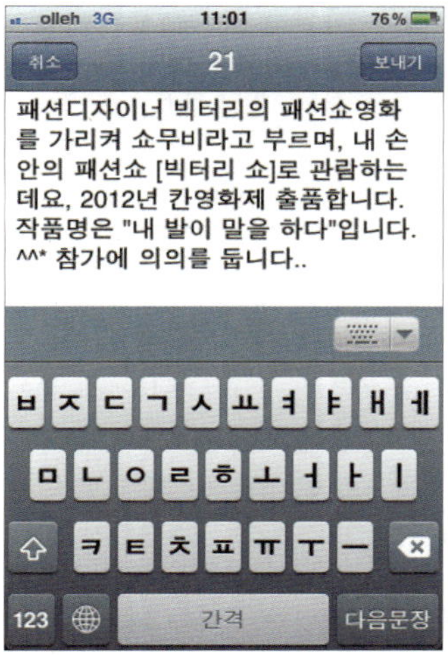

그 가운데 가장 유용한 기능을 소개하자면 트위터 글을 포털 사이트에서 확인할 수 있는 방식인데, 이는 모바일 사용자들을 대상으로 메시지를 전달하는 것과 동시에 유선 인터넷을 쓰는 컴퓨터 사용자들에게도 메시지를 전달할 수 있기 때문이다.

사용방식은 간단하다. 갖고 있는 스마트폰이나 모바일 기기에서 트위터를 열고 트윗을 올린다. 그리고, 잠시 후 daum이나 네이버에서 관련 키워드를 검색해 보자.

네이버를 확인해 보면 처음에 나타나지 않던 트위터 영역이 잠시 후 나타나면서 내가 쓴 글이 표시되었다.

daum에서는 키워드 검색결과가 페이지 아래쪽에 표시되는데, 별도의 실시간 키워드일 경우 검색 페이지 중간에 표시되어 찾아보기 편리하다.

daum의 검색 페이지에 노출되게 하려면 트위터에 트윗을 쓸 때 인기 검색어를 포함하여 작성하는 게 좋다. 다만, 너무 많은 글들이 동시에 올라올 경우 타임라인에서 빨리 사라진다는 단점이 있으므로 적절한 안배를 해야 좋다.

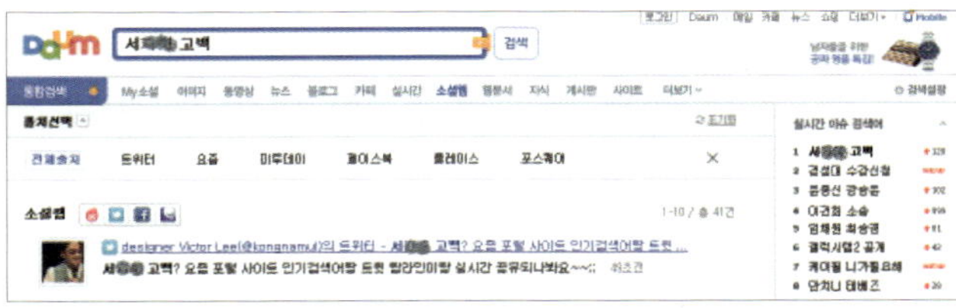

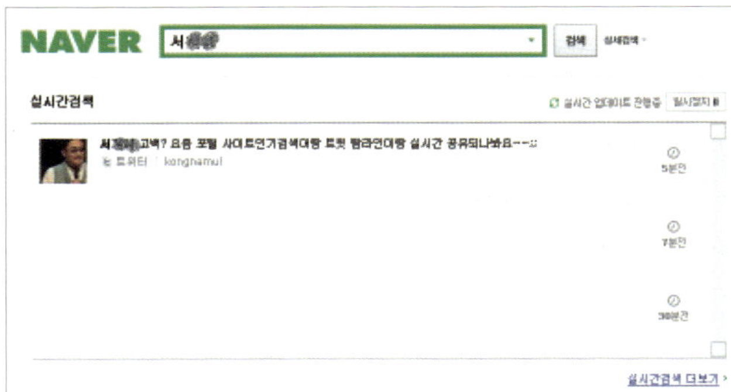

예를 들어, 포털 사이트에 실시간 검색어를 골라서 트윗를 써보자. 실시간으로 포털 사이트 소셜웹 영역에 노출이 된다. 이 경우, 사람들이 내 트위터로 오게 할 수 있는 방법은 키워드를 포함하되 140글자 내지는 더 장문의 글을 쓰는 방법이다. 트위터에 더 추가되는 글의 내용이 있을 경우, 사람들이 내 트위터 계정에 클릭하고 들어오게 된다.

인기 키워드에 연관된 글을 쓰면서 쇼핑몰 주소라던가 홍보하고자 하는 이벤트 내용을 추가할 경우 적지 않은 클릭률을 확보할 수도 있다.

Tip 스마트폰에서 인터넷쇼핑몰 결제의 위험성

스마트폰에서 모바일 결제를 사용하는 사람들이 증가한다. 그런데, 과연 안전성은 얼마나 될까? 은행이나 프로그램 개발업체들의 광고만 믿고 모바일 기기에서 은행 결제를 사용해도 괜찮을까?

2012년 3월 기준 국내에서 모바일 결제를 사용하는 방법은 주위 이동통신사 기지국의 공용 IP를 통해 이뤄진다. 쉽게 말해서, 같은 IP를 써서 진행되는 모바일 결제가 많다는 뜻이다. 문제는 누군가 마음만 먹으면 이동통신사 기지국에서 사용하는 모바일 IP 주소를 통해 쇼핑몰에서 결제를 하는 등의 본인 인증 없이 가능한 소액 결제를 시도할 경우 문제가 될 수 있다는 점이다.

문제는 IP 주소가 고갈되어 추가적으로 이동통신사에서 확보할 수 있는 IP 주소가 어렵다는 점이고, 모바일 인터넷 접속 기록의 경우 법적 근거가 불분명한 상황에서 단지 수사 협조를 위해 이동통신사에서 고객의 정보를 보관한다면 그 역시 문제 소지가 크다는 점이다.

5 페이스북 파워이용자 되는 법

페이스북(www.facebook.com)의 성장세가 빠르다. 가입자 수는 2012년 1월 기준 8억 명에 다가섰고, 2012년 이내에 10억 명을 넘어설 것으로 예상되는 것이 소셜네트워크 서비스이다. 지구 전체 인구의 약 1/6이 회원으로 가입한 페이스북은 2012년 미국 증권시장에 기업 공개를 앞두고 있는데 창립자인 마크 주커버그는 주식 평가가치만 최소 21조원에 이르는 거부가 될 전망이다.

그런데, 페이스북의 기업가치와 경영진의 성공은 그렇다하더라도 가입자로서 페이스북을 활용하려면 어떻게 해야 할까? 본 단락에서는 지구 최대의 소셜네트워크 관계망을 구축해 둔 페이스북을 활용하는 방법에 대해 살펴보자.

페이스북 안에서 친구를 다시 만나고, 회사 상품을 홍보하며 실시간으로 메시지를 주고받는다면 세계 어느 곳에서도 모든 사람들이 의사소통할 수 있는 온라인에서 거대한 국가와 같은 시장이 탄생하는 것과 같다.

1 페이스북의 장/단점

(1) 장점

페이스북의 장점은 인맥 관계도를 따르는 철저한 소셜네트워크 시스템으로 '아는 사람'을 통해 연결되는 끈끈한 관계 구성이 특징인데, 그 시초는 하버드대학교의 졸업 앨범(face book) 정보를 해킹하여 인터넷에서 선후배 연결 프로젝트를 시도했던 게 출발이었다.

하버드대학교는 졸업생들의 앨범을 비공개하는 것이 원칙이었는데 하버드에 다니던 주커버그가 학교 전산망을 해킹하고 졸업생 정보를 빼낸 뒤 인물 매칭 사이트를 운영했던 것이다. 그 이후에 페이스북은 우여곡절 끝에 투자를 받아 정식 사이트로 성장하게 되었는데 마크 주커버그는 야후로부터 사업 초창기 10억 달러에 이르는 인수 제안을 거절할 정도로 애착을 갖고 사업을 추진한 것으로 유명하다.

이와 같이, 경영자의 끈기와 집념이 내재된 페이스북은 하버드대학교 인맥 연결에서 시작해서 점차적으로 미국 명문대학교로 시장을 넓혀 나아갔고, 이후에는 각 기업과 기업, 세계 각 지로 확산되었던 것이다.

(2) 단점

페이스북의 장점은 친구의 초청으로 가입자 수가 늘어나는 인맥 연결 구조도이다. 가령, 트위터 등 다른 소셜네트워크는 낯선 사람들과 온라인에서 만난다는 익명성이 있는 반면 페이스북은 이메일 교환을 한 번이라도 해본 적이 있는 사람들과 연결되며, 같은 학교, 고향, 취미활동 등으로 묶인 사실 관계에 의한 인맥 연결로 구성된다.

따라서, 전혀 모르는 사람과 만나는 것과는 다르게 소식이 끊겼던 오래 전 친구들과 다시 만나는 즐거움도 있고 그만큼 감동도 크며 페이스북에 로그인해서 다시 인맥을 연결해서 이어가는 반가움과 즐거움이 공존하는 서비스이다.

이로 인해서 페이스북의 가입자 수는 폭발적으로 늘어날 수 있는데, 가령, A가 B를 찾았을 때 B가 연락하고 지내던 C에게 A의 소식을 전하고 C와 A가 또 다시 페이스북에서 만나게 되는 다중 연결 구조가 가능하기 때문이다. 결국, 페이스북은 하나의 플랫폼만 갖고 있으면 가입자 수 늘리는 것은 가입자들이 서로 자발적으로 활동하여 인맥을 끌어 모아준다는 논리이다.

페이스북의 가장 큰 장점은 헤어진 친구와 가족, 만나고 싶었던 오래 전 연인과 다시 만나게 해주는 중간다리 역할을 한다는 데 있다.

그러나, 페이스북의 단점은 우선 급격화 노화 현상이 큰 문제다.

다시 말해서, 현재 만 13세 이상 되는 사용자만 페이스북을 사용할 수 있는데, 만 13세 미만의 어린이들이 페이스북을 바라보는 시선이 구식으로 간주한다는 점이다.

예를 들어, 현재 만 13세 미만의 어린이들이 성장해서 페이스북을 사용할 수 있는 나이가 되었을 때 그들은 페이스북을 가입하지 않는다. 자신들의 형이나 누나, 오빠나 언니들이 자주 다니던 온라인상의 사교모임 서비스 같은 곳에 다니기보다는 그보다 더 새로운 걸 좋아하는 나이가 되었기 때문이다.

실제로 페이스북의 가입자 수 증가폭은 지난 해경부터 차츰 증가폭이 완화되는 분위기를 띄고 있다. 페이스북을 바라보는 어린이들이 성장하면서 이제 더 이상 온라인 사교 서비스는 필요 없다고 여기기 시작했다는 분위기가 나오는 것이며, 온라인에서 누군가를 만나기보다는 자기 혼자 즐길 수 있는 스마트폰 생활에 푹 빠지는 패턴이 유행처럼 번지고 있다.

페이스북이 등장하고 급격한 성공을 이뤄낸 시기가 2010년에서 2011년까지였다면 2009년 이후 등장한 스마트폰과 태블릿PC가 소셜네트워크 서비스를 확산시키는 대신 퍼스널 네트워크 서비스(PNS : Personal Network Service)를 주도하고 있는 중이다. SNS에서 PNS가 되는 가장 큰 이유는 무엇보다도 스마트폰 때문이며, 자기 손바닥 위에서 원하는 목적을 이룰 수 있는 똑똑한 기계 덕에 이제 더 이상 다른 사람과의 교류를 원하지 않게 된다는 모순적인 변화가 일어난 것이다.

이후에도 페이스북의 성공은 더 이상 점치기 어렵다. 그래서인지 눈치 빠른 페이스북 경영자나 투자자들은 2012년에 증권시장에 기업을 공개하려는 움직임을 보이는 것일 수 있다. 가장 정점에 이르렀을 때 주식가치를 최고치로 올려놓고 빠지겠다는 전략을 세워둔 채 말이다.

일전에 한 뉴스를 통해 보도되기를 페이스북에 기업 공개가 되면서 페이스북 직원 중 1/3에 해당되는 직원들이 백만장자로 올라설 것이라는 소식이 전해졌다. 그러나, 이는 표면상 나타나는 수치일 뿐 미국 세금제도를 잘 몰라서 전해진 뉴스였는데, 미국에서는 자신이 소유한 주식가치가 상승하면 그 상승분에 대해서도 세금을 내야하는 제도가 있다. 이익 실현이 되지 않아서 수중에 돈이 없는데도 불구하고 일단 주식을 가졌다는 이유 하에서 세금을 내야하는 것이다. 결국, 돈이 없는 직원들은 보유한 주식을 외부에 팔아서라도 세금을 내야하는 처지가 된다.

이를 다른 말로 설명하자면, 우리나라에도 2010년 전후로 등장한 하우스 푸어(House Poor) 개념과 일맥상통한다. 집을 가졌지만 수중에 현금이 없는 집주인들이 집이 오른 만큼 재산세를 내기 위해 집을 팔아야 하는 모순적인 상황에 놓이는 것 말이다.

정리하자면, 페이스북은 반가운 인맥을 다시 연결해 주는 사회관계망 서비스라는 장점을 가진 동시에 관계가 멀어진 사이까지 연락을 전달해서 안 좋은 기억을 다시 불러주는 단점을 지닌 서비스라고 말할 수 있다는 사실이다. 또한, 매년 성장을 지속하는 기업이라기보다는 세대가 바뀌면서 점차 성장 속도가 뒤쳐질 수 있는데 변화하는 신세대의 취향을 맞춰 트렌드를 개척하는 전략을 세우지 않으면 기업의 발전이 낙관적이지 만은 않다는 태생적 단점도 보유했다.

스마트폰으로 촉발된 PNS(퍼스널 네트워크 서비스 : 개인 연결형 서비스) 시대에는 인맥을 다시 만나는 것보다는 개인 생활을 더 소중히 여기며 필요시에 질문과 답변을 주고받을 수 있는 독립형 네트워크 서비스가 비전이 있기 때문이다.

2 페이스북의 효과적인 레이아웃

페이스북은 절반에 해당하는 사용자 수가 스마트폰에서 이용할 만큼 모바일 기기에 적합한 SNS이다. 현대인들의 생활 속도가 빨라지면서 책상 앞에 머무르는 시간이 줄어들고 이동 시간이 늘어나게 되었는데, 이때 대다수 거리로 이동 중인 사람들은 각자의 손에 스마트폰이나 태블릿PC를 들고 그 안에서 페이스북을 사용한다는 뜻이다.

이는 컴퓨터에서 보는 페이스북과 모바일 환경에서 보는 페이스북 레이아웃이 구별된다는 차이점을 말하고, 컴퓨터 모니터를 통해 보는 페이스북과 다르게 모바일 환경에서는 기존에 정해진 애플리케이션 형태로 공통된 레이아웃을 사용하게 된다.

예를 들어, 모바일 환경에서 페이스북은 각 액정 크기에 최적화된 크기로 구성되는데, 스마트폰에서 페이스북 애플리케이션을 다운로드받은 후 실행 화면에서 계정 아이디로 로그인을 한다. 모바일 환경에서 접속한 후 페이스북 계정을 만들 수도 있다.

모바일에서 페이스북에 로그인하면 최신글 또는 페이스북 계정 첫 화면이 표시된다.

이때 페이스북의 다양한 메뉴를 사용하는 방법은 화면 오른쪽 위에 흰색 가로 세 줄 표시 이미지를 누르면 메뉴가 나타난다. 컴퓨터로 보는 페이스북과 크게 다른 것은 없으니 화면의 크기에 따라서 각 메뉴의 위치와 크기가 달라졌음을 알 수 있다.

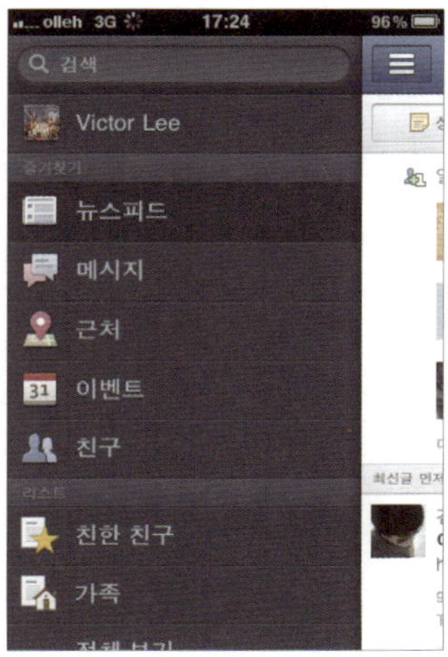

페이스북의 레이아웃은 이와 같이 다른 이들과 공유하기보다는 계정 사용자가 직접 관리하는 구성이라서 디자인을 남에게 보이기 위해 예쁘거나 개성을 드러낼 필요는 많지 않다. 오히려, 소셜네트워크 서비스답게 간결하면서도 사용 목적에 어울리는 편리성을 강조하는 구성이 바람직하다.

3 페이스북 활용 노하우

자, 그럼 페이스북의 다양한 기능에 대해 살펴보도록 하자. [좋아요] 기능을 비롯하여 페이스북에 만드는 홍보 계정인 [페이지], 그리고 [담벼락]에 글 쓰는 방법과 콘텐츠를 올리는 방법을 소개한다.

(1) [좋아요] 기능

페이스북의 가장 큰 장점은 [좋아요] 기능이다. "좋아요"는 Facebook에서 관계를 만드는 방법이다. 사용자의 친구가 올린 콘텐츠를 보고 의견을 제시하거나 어떤 페이지를 [좋아요]를 통해 Facebook으로 연결할 수 있다. [좋아요] 버튼을 설치함으로써 소셜 플러그인이나 광고를 통해서도 연결할 수 있다.

가령, 페이스북 사용자라면 [좋아요] 버튼을 보게 되는데, 페이지 광고에 달 수도 있고, 웹사이트에 붙일 수도 있으며, 담벼락에 쓰는 글에도 [좋아요] 버튼을 붙일 수 있다. 이를 본 다른 계정 사용자가 [좋아요]를 누르게 되면 해당 콘텐츠가 얼마나 인기를 얻었는지 파악할 수 있으며, 특정 콘텐츠에 [좋아요]를 누른 사용자 타임라인에 해당 콘텐츠가 표시된다.

간단히 말하자면 [즐겨찾기] 또는 [구독하기] 기능으로 이해할 수 있다. 페이스북 계정에서 내가 누른 좋아요 버튼을 통해 들어오는 콘텐츠들을 확인할 수 있게 된다. 해당 콘텐츠를 올린 사용자는 누가 [좋아요] 버튼을 눌렀는지 목록을 볼 수 있다. [담벼락]에 올라온 글에 [좋아요]를 클릭하자 댓글 형태로 누가 눌렀는지 표시가 된다.

이와 같이, [좋아요] 버튼을 사용하면 내가 올린 콘텐츠와 게시물을 누가 받아보는지 알 수 있으며, 각 반응을 통해 평가를 내리는 척도로 삼을 수 있다. 특히, 광고에 [좋아요]를 설치할 경우 광고 대상 소비자들로부터의 반응을 실시간으로 확인할 수 있다.

[좋아요] 버튼을 설치할 때는 페이스북 계정 사용자가 직접 자신의 웹사이트나 콘텐츠 게시물에 [좋아요] 버튼을 설치할 수 있다. 버튼 타입을 설정하고 [Get Code]를 누르면 소스 코드가 표시된다. 이 소스 코드를 내가 [좋아요] 버튼을 붙이고자 하는 곳에 붙여 넣는다.

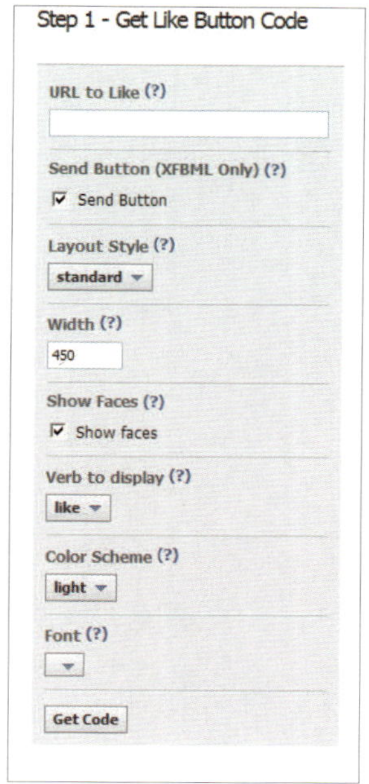

출처:http://developers.facebook.com/docs/reference/plugins/like/ ◀

(2) 페이지 만들기

페이스북의 기능 중에 [페이지]는 홍보용 페이스북 계정이다. 예를 들어, 코카콜라 등의 기업들이 페이스북 사용자를 대상으로 하는 광고용 페이스북 계정을 만들고자 할 때 [페이지]를 이용하게 된다.

페이스북 페이지는 계정 사용자라면 자유롭게 페이지 개설이 가능하며, 만약 페이지만의 URL 주소를 갖고자 할 경우에도 독립된 페이스북 계정 주소로 활용 가능하다. 페이지는 모바일에서 쉽게 접속할 수 있도록 QR 코드가 자동 생성되어 표시됨으로 자신의 명함이나 보고서 등에 삽입해서 활용할 수도 있으며, 일반 사용자처럼 페이지 역시 담벼락 메뉴를 통해서 다른 사용자들과 친구를 맺거나 정보를 교환하는 소셜 활동이 가능하다.

(3) 담벼락 글쓰기

페이스북 담벼락에 글을 쓰는 것은 트위터에 트윗을 올리는 것과 같다. 스마트폰 등 모바일 기기나 컴퓨터를 통해 담벼락에 글을 쓰면 친구를 맺은 다른 사용자들의 담벼락에도 표시가 된다.

[담벼락]은 '업데이트' 메뉴 공간에서 "지금 무슨 생각을 하고 계신가요?"라고 문구가 표시된 영역에 마우스를 클릭하고 글을 쓰면 된다. 친구들의 글이나 내가 [좋아요] 버튼을 누른 게시물들이 모두 표시되는데, 특정 게시물의 경우 [좋아요 취소]를 지정할 수도 있고, 다른 게시물에 대해 [댓글 달기]를 통해 실시간 반응을 확인할 수 있다.

(4) 콘텐츠 업로드하기

페이스북에 사진, 동영상 등 콘텐츠의 업로드가 가능하다. 내가 올린 콘텐츠는 다른 사용자들과 [담벼락]에서 확인 가능하다.

[담벼락]에서 '사진/동영상'을 누른다. 사진이나 동영상 파일을 내 컴퓨터에서 업로드할 수 있으며, 웹캠을 사용하여 직접 촬영하여 올릴 수도 있다. 이렇게 만든 사진은 '사진첩 만들기' 기능으로 보관할 수 있다.

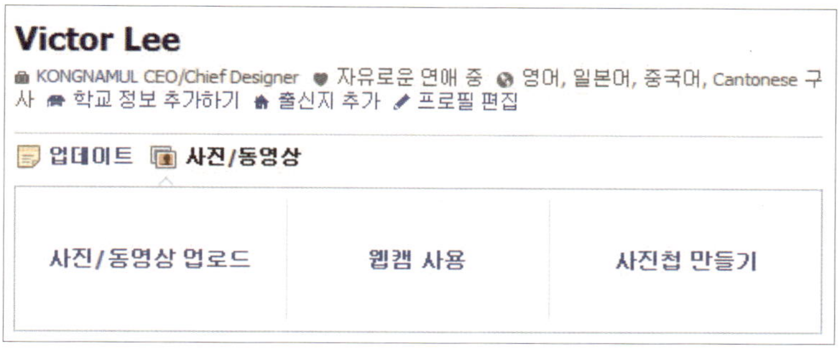

4 페이스북 사용자들의 특징

페이스북 사용자들은 '인맥 만들기'를 목적으로 활동하는 다른 소셜네트워크 사용자들과 다르게 '인맥 찾기'와 '인맥 유지하기'를 위해 계정을 만든다. 낯선 사람들과 나누는 대화보다 자신이 알고 지내는 사람들과 개인적인 대화를 나누는데 더 호의를 갖는 사람들이다.

다시 말해서, 새로운 사람을 만나기보다는 '아는 사람'과 온라인에서 교류하는 친목도모가 목적이며, 한걸음 더 나아가자면 예전에 알던 사람, 다시 만나고 싶은 헤어졌던 사람이랑 온라인 소통을 하기 원한다. 그렇기 때문에 페이스북 담벼락은 트위터보다 훨씬 조용하고 일상생활에 관련된 소소한 이야기가 주류를 이룬다.

페이스북에 모인 사람들은 자신의 계정에 표시되는 '스폰서' 광고를 보게 되는데, 페이스북의 수익 모델이기도 한 스폰서 메뉴는 페이스북 사용자의 취미와 온라인 이용행태 등에 대한 정보를 취합하여 통계를 내고 이에 어울리는 타겟 광고를 적용한다.

A 사용자의 계정에 보이는 스폰서와 B 사용자 계정에 표시되는 스폰서 광고 내용이 다르다는 뜻이다. 게다가 페이스북 사용자 역시 [광고 만들기]를 통해 자신의 페이지를 홍보하는 홍보 광고를 만들 수 있다.

5 내 친구 늘리는 법

페이스북에서 친구 맺기를 하는 1차적인 방법은 자신이 사용하는 이메일 주소를 통해서 이뤄진다.

자신이 사용했던 이메일과 현재 사용 중인 이메일 주소를 모두 입력하고 비밀번호를 넣으면 페이스북 로봇이 이메일 계정을 역추적하여 그동안 메일을 나눴던 모든 사용자 자료를 불러온다.

[친구 찾기] 메뉴에서 자신이 사용하는 이메일 주소를 입력하고 표시되는 목록 중에서 친구를 추가하거나 친구 초대를 하면 된다. [친구 추가]는 나랑 이메일을 나눴던 사람 중에서 이미 페이스북을 사용하는 경우 [친구 맺기]를 하는 기능이며, [친구 초대]는 아직 페이스북을 사용하지 않는 사람들에게 "페이스북으로 오세요"라는 초대를 하는 메일을 발송해 주는 것이다.

페이스북 사용자가 필자를 [친구 찾기]로 추가한 후에 [초대 메일]을 보낸 경우이다. 페이스북 사용자의 프로필 사진과 이름이 필자에게 전달되며 페이스북 가입을 권유하는 내용이다.

이 외에도, 페이스북에서 친구 맺기를 하는 방법은 [학교]로 찾기, [직장]으로 찾기 등 다양한 방법이 있다. 이와 같은 방식으로 사용자를 검색해서 친구를 늘리게 된다.

Tip 페이스북에 공개한 내 정보, 정말 안전할까?

페이스북을 통해 친구를 찾다보면 이메일 주소, 출신지, 거주지, 학교 정보, 직장 등에 대한 모든 정보를 공개하게 된다. 그런데, 막상 친구를 찾기 위해 공개하는 아니 정확히 말하자면 이용하려는 정보이지만 만에 하나라도 이 정보가 페이스북 서버 어딘가에 저장된다면 어떤 일이 벌어질까 아찔하다.

페이스북에서는 내 정보를 저장하지 않는다고 하지만 이메일 비밀번호나 각종 정보는 저장하지 않는다고 해도 현재 사용하는 사용자 정보와 친구 맺기로 연결된 친구 목록을 관리하고 있는 게 사실이다. 만약, 이런 개인 정보를 활용해서 광고를 매칭시키고 수익을 내는 용도 이외에 다른 목적으로 사용될 위험은 없을까?

사실 페이스북을 만든 마크 주커버그는 나이 어린 해커 출신이다. 그 자신도 해커 정신을 계속 이어가겠다고 공공연히 밝히는 만큼 페이스북을 이용하면서도 불안한 마음이 드는 것 또한 사실이다. 만에 하나라도 페이스북에 올린 내 계정 정보와 친구 목록을 근거로 개개인에 대한 정보가 누군가의 관리 범위에 들어간다면 세계에서 페이스북에 가입한 8억 명의 정보와 그들의 인과관계가 한 사람의 손 아래에 놓일 수도 있기 때문이다.

해커는 다른 사람의 정보를 해킹해서 정보를 몰래 빼내는 일도 하지만, 페이스북의 경우 친구를 찾겠다는 목적 하나로 사용자가 스스로 공개한 정보이니 누구를 탓할 수도 없다. 페이스북에서 의도적으로 서버를 열어보지 않고, 어느 해킹 천재가 페이스북을 해킹해서 사용자 정보를 가져갈 수도 있다는 뜻이다. 아무쪼록 이런 위험스런 상황이 일어나지 않기를 바랄 뿐이다.

PART B

돈 되는 블로그 만들기

스마트폰 한 대만 있으면 누구나 동영상 블로거

지금까지 주요 블로그 서비스에 대해 알아보고 각 블로그의 기능에 대한 분석을 통해 장점과 단점 그리고 이용방법에 대해 살펴보았다.

포털 사이트는 검색과 미디어라는 지향점을 살려서 관련 콘텐츠를 작성하면 검색에 자주 노출되고 인기 블로그가 될 가능성이 높으며, 국내 및 해외에서 동시에 사용 가능한 트위터나 페이스북은 메시지 소통 및 인맥 관리라는 부분에 중점을 두고 사용하면 온라인에서 인지도를 높이고 업무적으로도 높은 활용도를 갖게 될 것이다.

물론, 트위터와 페이스북 같은 SNS가 등장하면서 포털 사이트에서 선정하는 인기 블로거에 대한 개념이 모호해진 측면도 없지 않아 있다. 또한, 개방형 블로그인 티스토리처럼 컴퓨터 지식을 조금이라도 알아야 자유로우면서도 개성 넘치는 블로그를 가질 수 있다는 부분도 이젠 사용자 편리성에서 뒤쳐진 느낌을 준다.

컴퓨터 언어를 몰라도, 포털 사이트에 갇히지 않아도 누구나 손쉽게 클릭 몇 번만으로 소통하고 온라인 인맥을 만들 수 있는 블로그 서비스들이 속속 등장하고 있기 때문이다.

다시 말해서, 지금 블로그 생태계는 변화의 시기를 갖는다고 할 수 있다. 허물을 벗지 못한 뱀이 죽는 것처럼 블로그도 이제 변해야 살아갈 수 있으며, 대나무들이 마디를 두고 곧게 성장하는 것처럼 기존 블로그 서비스들도 새로운 도약을 위해 문을 더 열고 사용자 위주 운영체제로 변모해야 한다는 뜻이다.

2012년 전후, 구글의 에릭 슈미트 회장이 한국을 다녀가면서 유튜브를 통해 한국의 문화 콘텐츠를 세계에 더 알리겠다는 말을 남겼다는 것에 주목하자. 얼마 지나지 않아 유튜브는 개인 사용자들에게도 유튜브 동영상 광고 프로그램을 통해 수익을 지급하겠다는 계획을 발표했다.

이 말을 다시 풀어보면, 2010년대 전후로 세계 무대의 문화 콘텐츠 시장에서 급부상하는 한국 문화 콘텐츠를 세계 무대에 전달하면서 구글이 유튜브를 통해 창구 역할을 하겠다는 뜻인데, 이는 2012년 하반기부터 몰아닥칠 스마트TV시대의 서막을 알리는 것과 같다.

스마트폰과 태블릿PC에 이어 스마트TV가 사람들 곁에 등장하게 되면 이제 집에 머물러 안방이나 거실에 앉아 TV를 시청하는 사람들은 할머니, 할아버지와 집에서 생활하는 연령층이 된다. 사회생활을 활발히 하는 20대, 30대, 40대 연령층은 밖에서 이동하며 TV를 시청하게 될 것이며, 10대 연령층 역시 자기만의 방에 있거나 도서관에서, 친구들과 학원에서도 TV를 시청하게 된다.

이른바, 손 안에서 펼쳐지는 TV시대가 되는 것이다. IT 트렌드가 동영상 위주로 흐르게 되면서 텍스트 기반의 블로그 내용은 단순 지식 검색 위주로 집중이 될 것이며, 다수의 인터넷 이용자들은 애니메이션이나 영화, 드라마 같은 동영상 콘텐츠에 몰입하게 된다.

지하철이나 버스에서, 식당에서 식사를 하는 중간에도 손바닥 위에 스마트 기기를 올려두고 영화를 보거나 드라마를 시청하는 사람들이 눈에 띄게 증가하는 것이 그 증거이다.

텍스트 정보는 바야흐로 전자책 세상으로 변모하게 되면서 실시간 검색보다는 전자책 다운로드 후 필요시에 꺼내보는 선택적 정보 시장으로 편중될 것이다. 사람들은 스마트폰을 사용해서 게임이나 영화를 시청하는 데 시간을 보내게 될 것이기 때문이다.

정리해 보자. 구글의 에릭 슈미트 회장은 이러한 스마트폰 사용자들의 행태를 이미 알고 있고, 2012년 하반기부터 애플TV와 경쟁해야 하는 구글TV의 전략을 내보인 것과 같다. 또한, 유튜브를 필두로 세계 무대에서 인기를 얻는 한국 문화 콘텐츠를 집중 다루면서 세계의 젊은 연령층에게 구글의 이미지를 더욱 각인시키겠다는 포부로 읽힌다.

시장이 변하면서 블로그 생태계도 바뀌어야 한다. 텍스트 위주 내용은 지식 검색을 보완하는 전문 블로그 형태를 갖춰야 하고, 동시에 실시간 뉴스 정보를 나누는 메신저 모양을 갖춰야 한다. 앞으로 트위터와 페이스북을 통해 세계 사람들이 소통하는 생활이 더욱 눈에 띄게 강화될 것이다.

그 외에 블로그 시장은 동영상 생태계로 바뀔 상황이 되었다. 유튜브를 통해 블로그 정보를 공개하고, 텍스트 정보가 남의 글을 카피하기 쉽다는 단점이 있으므로 나만의 지식 정보를 지키고 권리를 강화하기 위해서도 동영상 블로그 서비스를 확대하게 될 것이다.

스마트폰시대에 담아내는 정보를 보여야 한다. 사람들은 이제 거짓 정보에 무관심하고 사실로 드러나는 정보만 선별적으로 받아들이기 때문이다.

급변하는 블로그 생태계, 동영상 블로그를 활용하는 방법에 대해 알아보도록 하자.

동영상 블로그가 뭔가요?

동영상 블로그란 블로그의 정보를 동영상으로 만드는 블로그를 말한다. 인터넷 사용자들이 정보 검색을 하고, 자신들에게 필요한 정보를 선택해서 블로그를 방문하게 되는데 현재의 인터넷은 비슷비슷한 정보로 가득 찼고 남의 글을 가져오거나 인기 검색어 위주로 무한 반복되는 정보 피곤 현상을 초래하는 상황이다.

블로거는 자신의 블로그에 동영상으로 정보 콘텐츠를 작성해서 담아내는데 집중해야 한다.

아이폰이 새로운 버전으로 출시되면 대다수 블로거들은 이 소식을 옮기면서 신문 뉴스를 갖다 붙이거나 다른 이의 글을 편집해서 자신의 블로그에 담는데 바빴는데, 앞으로는 실제 사용 모습을 담은 동영상을 만들어서 블로그에 올리는 게 좋다는 뜻이다. 스마트폰이 성능을 강조하는 시장이 되면서 800만 화소 이상의 해상도를 갖춘 카메라가 장착되고 1080p 이상의 화질을 지원하는 풀HD 영상을 만들 수 있는 기기도 수없이 많아졌다.

뛰어난 성능을 갖춘 사용자들이 손 안에 기기를 들고 다니면서 뮤지컬을 보러 가고 영화를 보며 친구를 만나는 일들을 동시에 해내는 사회에 살고 있다. 한가롭게 컴퓨터 앞에 앉아서 블로그를 여기저기 클릭해 가며 텍스트 정보에 눈 아프게 집중하는 시대가 아니라는 뜻이다.

게다가 2015년 무렵부터는 각급 학교에서 종이책 교과서가 사라지고 태블릿PC를 활용하는 전자책 교과서가 등장할 예정이고, 이미 우리 주변에서는 미취학 어린이들조차 아이패드, 갤럭시노트 등을 들고 그림을 그리며 만화를 보고 자라나는 상황이다.

블로그는 이제라도 동영상으로 바뀌어야 한다. 스마트폰으로 촬영하고, 그 영상을 인터넷이나 스마트폰 내에서 간단하게 편집하며 바로 블로그에 올릴 수 있다. 사람들에게 필요한 정보의 의미도 바뀌는 중이다. 시험지에 나오는 오래 전 지식을 되묻는 백과사전식 정보는 필요한 사람이 별로 없다. 고루하다, 지루하다는 이미지를 준다.

반면에, 사람들은 실시간 정보를 진짜 가치가 있다고 여기게 되었다. 친구 만나러 나가는 길에 트위터나, 페이스북을 통해 전달되는 교통 체증을 촬영한 동영상이 진짜 정보가 되었다. 뉴욕이나 동경, 프랑스 파리의 시내 상황을 실시간으로 CCTV로 연결해서 내 손 위에 스마트폰에서 볼 수 있는 시대이다.

이집트 사태를 트위터로 실시간으로 전해 듣고, 페이스북을 통해 모르는 사람들로부터도 생일 축하를 받으며 트위터에서 한 가지 주제에 대해 만나본 적도 없는 사람들과도 열띤 토론을 벌이는 게 요즘 사람들이다.

그래서, 동영상 블로그시대가 되었다. 극장에서 보는 장편 영화가 아니고, 아이들이 좋아하는 만화 영화가 아니며 인기 스타가 나오는 드라마가 아니다. 동영상 블로그는 실시간으로 다른 이들과 나눌 수 있는 모든 영상을 정보로 만드는 블로그를 말한다. 스마트폰으로 찍고, 편집해서 실시간으로 바로 업로드(upload) 하는 블로그를 말한다.

동영상 블로그에서 진짜 돈이 나오나요?

1세대 블로그가 텍스트 블로그 형태로 단순 이미지 형태의 광고를 게재하는 방식으로 수익을 올렸다면 2세대 블로그는 동영상을 사용하는 블로그로 광고 게재 콘텐츠도 동영상 내부가 되며, 동영상 그 자체가 광고로서 수익을 내기도 한다.

유튜브를 비롯하여 다수의 동영상을 사용하는 사이트에서는 동영상 제작자들에게 일정 광고를 삽입하는 조건으로 수익을 나누기 시작했으며, 스마트폰과 태블릿PC 등이 등장하면서 젊은 연령층의 소비자에게 짧은 시간에 다가설 수 있는 홍보방식으로 동영상 광고를 하는 기업들이 증가하는 추세이다.

게다가, [나는 꼼수다]라는 팟캐스트를 기반으로 청취를 희망하는 사람들이 내려받아 듣는 오디오 방송이 등장하고 이를 소비하는 사람들이 폭발적으로 증가하면서 새로운 매체를 기다려왔던 사람들의 수요가 있었다는 게 반증이 된 것처럼, 앞으로 동영상 블로그의 인터넷 활용도는 더욱 높아질 것이라는 예측이다.

출처 : http://itunes.apple.com/kr/podcast/id438624412

가령, 나꼼수는 애플社 팟캐스트에서 제공하는 라디오 방송으로 아이튠즈를 통해 내려받을 수 있는데, 매 새로운 방송이 업데이트될 때마다 [나는 꼼수다] 방송을 아이튠즈에 올리고 이를 만드는 딴지일보 사이트에 링크를 걸어 두는데, 이를 통해 수백만 명의 사용자가 내려받는 통에 서버가 다운되는 일이 생기는 등 큰 인기를 끌고 있는 방송이다.

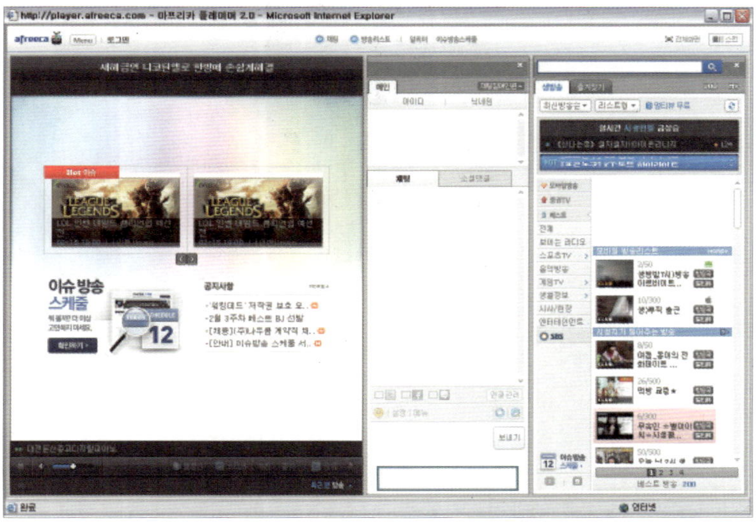

출처 : player.africa.com

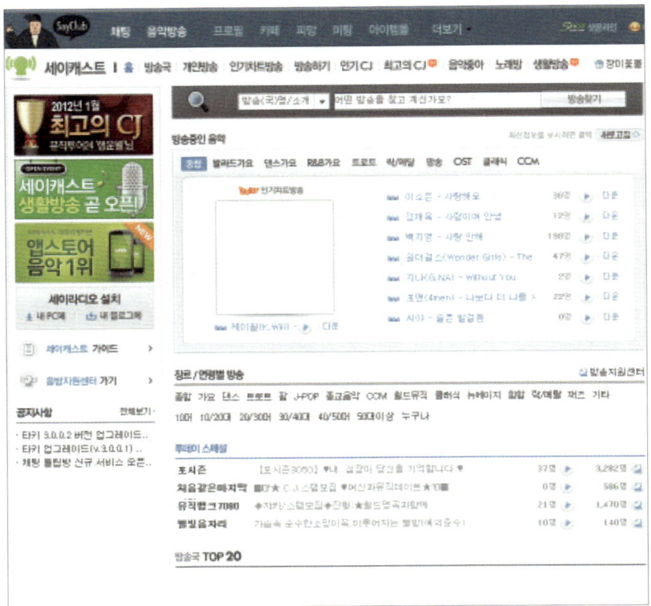

출처 : saycast.sayclub.com

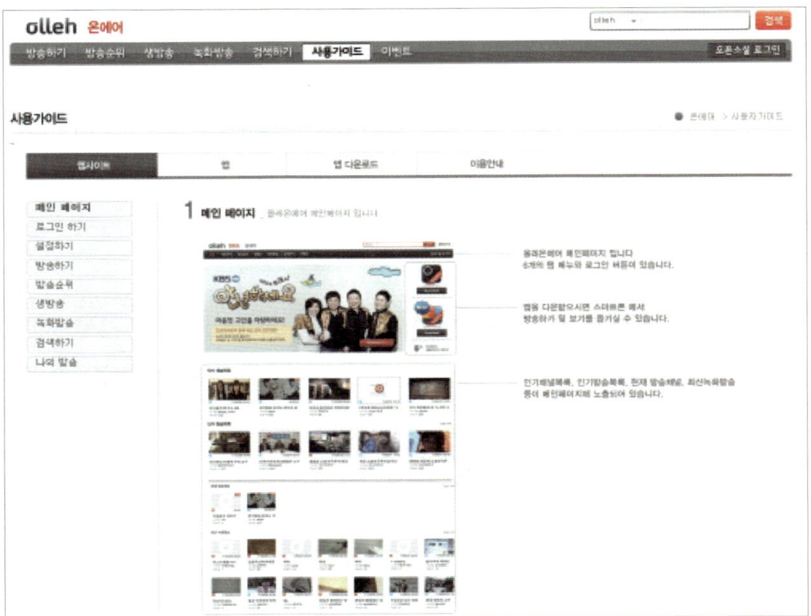

출처 : http://onair.olleh.com/guide/web/main

이와 같은 예로 볼 수 있는 게 아프리카(www.africa.com)라는 인터넷 개인 방송의 등장과 세이캐스트(http://saycast.sayclub.com/)라는 인터넷 음악 방송의 인기이다. 더불어 KT에서 서비스하는 올레온에어(http://onair.olleh.com)를 통해 소셜네트워크를 사용하는 사람들이 손쉽게 개인 방송을 하는 시장이 더욱 확대되고 있다는 점도 주목해야 한다. 스마트폰 한 대만 있으면 언제 어디에서나 현장 영상을 촬영해서 다른 사람들과 공유할 수 있다는 점이 장점이다.

다시 말해서, 동영상 블로그를 통해 수익을 얻는 방법은 광고 게재, 동영상 광고물 제작, 동영상 노출로 인한 블로그 방문자 증가, 특정 다큐멘터리 동영상 판매 등으로 가능하다. 기존의 텍스트 블로그에서 광고를 게재하고 에이전시와 수익을 배분하는 구조였다면 이제 동영상을 만들고 직접 블로그에 올려서 광고주와 직접 거래하는 시스템의 변화가 있다는 의미와 같다.

지금부터 유튜브와 네이버, daum에 동영상을 올리는 방법에 대해 알아보고, 동영상을 만드는 방법과 수익을 내는 영상에 대해 알아보도록 하자.

Tip 팟캐스트 방송은 어떻게 하나요?

팟캐스트(Pod Cast)는 애플社의 아이팟(iPOD)과 브로드캐스팅(Broadcasting)을 합친 단어로 오디오 파일 또는 비디오 파일 형태로 이용할 수 있는 개인 방송이다.

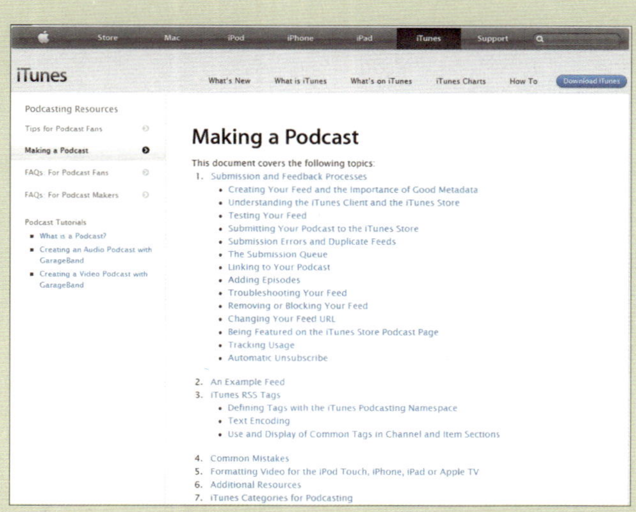

출처 : http://www.apple.com/itunes/podcasts/specs.html

팟캐스트는 일반 TV와 다른 개념으로 언제든 자신이 관심 있는 프로그램을 다운로드 받아서 시청하거나 청취할 수 있으며 언제 어디에서나 이용할 수 있다는 점이 장점이다.

누구나 자신만의 라디오 방송, TV 방송을 만들 수 있는데, 만든 파일은 팟캐스트를 지원하는 호스팅 서비스를 이용하여 업로드해 두고 RSS 주소를 아이튠스(iTunes)에 등록하면 된다.

1 팟캐스트 방송을 위한 호스팅 서비스

1) 아이블러그(www.iblug.com)

출처 : http://www.iblug.com/main.jsp

아이블러그는 팟캐스트를 제작해서 누구나 올릴 수 있는 웹용 팟캐스트 채널을 제공한다. 또한, 오디오 방송뿐 아니라 비디오 팟캐스트가 가능하다.

2) 포딕스(www.podics.com)

출처 : http://podics.grobo.com

팟캐스트 방송을 하려는 사람은 아이튠스를 실행하여 자신의 컴퓨터에 설치한 후 Store 메뉴에 들어가서 '팟캐스트 등록'을 누르고 RSS 주소를 입력한다. 그리고, 며칠이 지난 후 팟캐스트에 자신의 채널이 생성되는 것으로 방송할 준비를 모두 완료하게 된다.

만약, 네이버 블로그나 daum 블로그에 음악이나 오디오 파일, 비디오 파일을 올리고 싶을 때도 포딕스나 아이블러그를 이용할 수 있다. 가령, 자신이 만든 파일을 포딕스 등에 올리고 [퍼가기]를 누르면 HTML 코드 소스가 복사되는데, 이를 각 블로그 글쓰기 할 때 글쓰기 모드를 HTML 모드로 바꾼 뒤 붙여넣기를 한다.

팟캐스트 서비스를 이용하기 위해 하나의 예로 포딕스[www.podics.com] 사용방법을 알아보자.

① 로그인

회원가입을 하고 로그인을 한다. 포딕스의 경우, [오픈 ID]로 로그인할 수 있다.

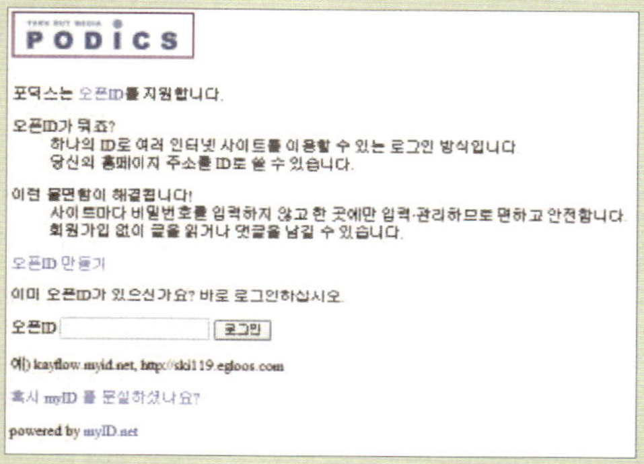

단, 오픈 ID가 있는 사람은 추가로 만들지 않아도 된다. 자신의 오픈 ID로 로그인할 수 있다. 오픈 ID란 제휴 사이트에서 하나의 ID로 로그인을 할 수 있는 방식이다.

② 파일 업로드하기

간단한 회원가입 절차를 마치고 로그인을 한다. 

를 누른다.

업로드 파일 형태는 MP3 파일만 가능하다. 주파수는 11025, 22050, 44100[Hz}이며 스테레오로 지정한다. 비디오 파일은 WMV, MP4, AVI, MPG, MOV 파일 형태 모두 사용 가능하며, 각 파일 형태 모두 100MB 이하로 제한된다.

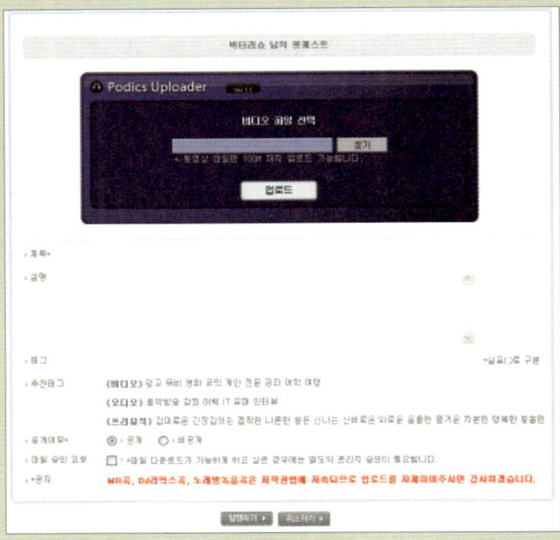

[비디오 파일] 업로드를 실행해 보자. 제목과 설명을 붙이고 공개 여부를 선택한다. 단, 시청자들이 파일 다운로드가 가능하게 하려면 별도로 관리자에게 [파일 승인 요청]을 신청해야 한다.

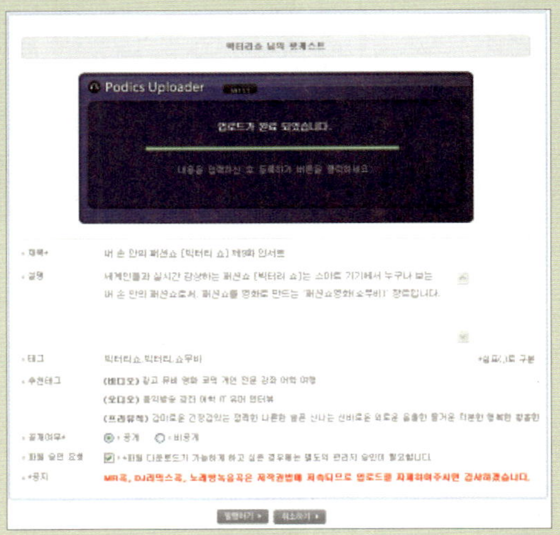

[태그]는 하단의 각 추천 태그를 이용하여 삽입하도록 하는 것도 방법이다. 필자의 경우, 파일 제목과 팟캐스트 이름을 이용하여 [빅터리, 빅터리쇼, 쇼무비]라고 설정했다.

③ 발행하기

파일 업로드를 마치고 제목과 설명을 넣은 후 [발행하기]를 누른다.

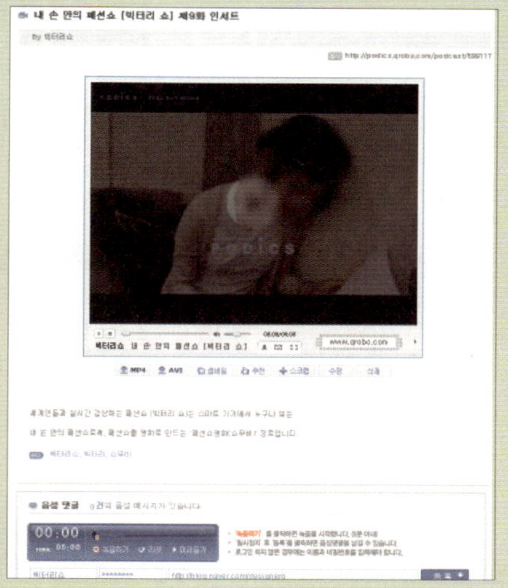

팟캐스트 방송이 업로드되었다. 해당 팟캐스트만의 주소가 등록되고, [추천], [스크랩]을 할 수 있고, 운영자는 해당 팟캐스트에 대해 [수정], [삭제]가 가능하다.

또 하나, 이용자들이 시청한 후에 음성으로 댓글을 달 수도 있다. 음성 댓글 다는 방법은 [녹음하기]를 누르고 5분 이내로 한다. [일시정지]를 거쳐 [등록]을 누르면 음성 댓글이 등록된다.

[전체화면] 보기와 다운로드나 퍼가기가 가능하다. [다운로드]는 MP4 형태나 AVI 형태가 가능하다. [퍼가기]의 경우 영상 아래에 편지봉투 모양의 아이콘을 클릭한다.

HTML TAG를 복사해서 입력이 가능한 곳에 복사해서 붙여넣기를 한다. 단순 링크를 달 경우에는 동영상 링크를 지원하는 게시판에 복사해서 붙여넣기한다. 해당 팟캐스트를 네이버 블로그로 가져가 보자.

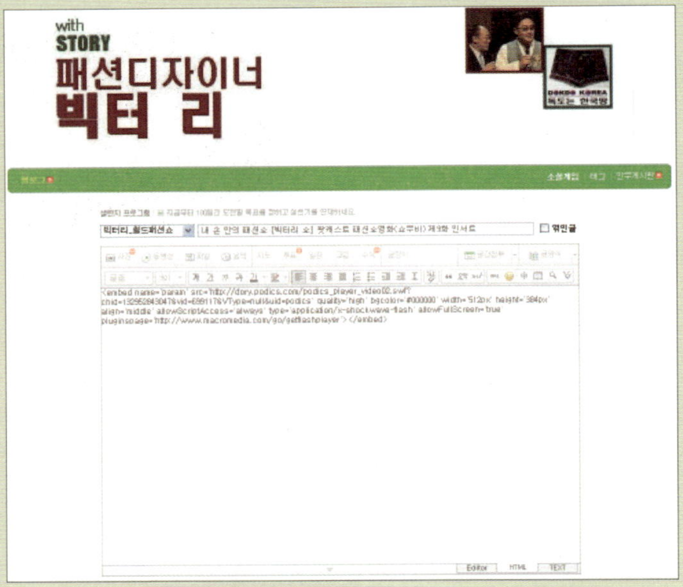

네이버 블로그 글쓰기에서 HTML 모드를 선택하고, 복사해 온 소스 코드를 붙여넣기 한다. [Ctrl]키와 [V]키를 동시에 눌러도 된다. 그리고, [확인]을 누른다.

네이버 블로그에 글이 올라갔다. 팟캐스트용 방송을 만들고 내 블로그에 옮겨넣기 하여 블로그 방문자들에게 보일 수 있는 방법이다. 영상 창 안에 플레이 버튼을 누르면 영상이 나타난다.

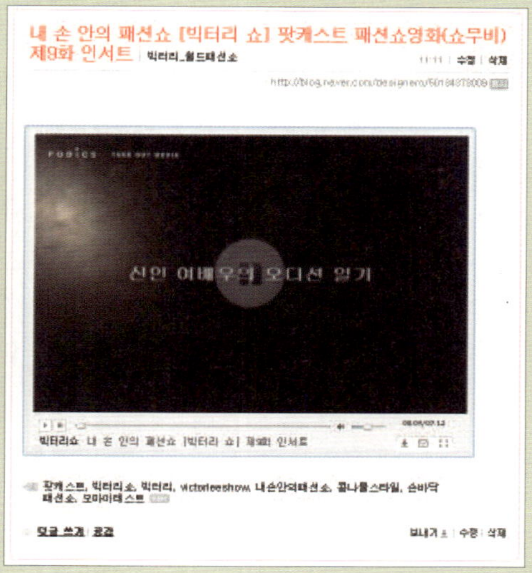

영상을 플레이했다. 영상의 총 길이가 표시된다.

④ RSS로 팟캐스트 보내기

그럼, 아이폰이나 아이패드, 안드로이드폰에서는 팟캐스트를 어떻게 볼 수 있을까? 이 경우에는 RSS 기능을 이용한다. 내가 만든 팟캐스트의 RSS 주소를 확인하여 아이튠즈나 팟캐스트 지원 애플리케이션에 RSS를 등록한다.

먼저, RSS 주소를 알아야 하는데, 페이지에서 RSS로 팟캐스트 구독하기 를 클릭한다.

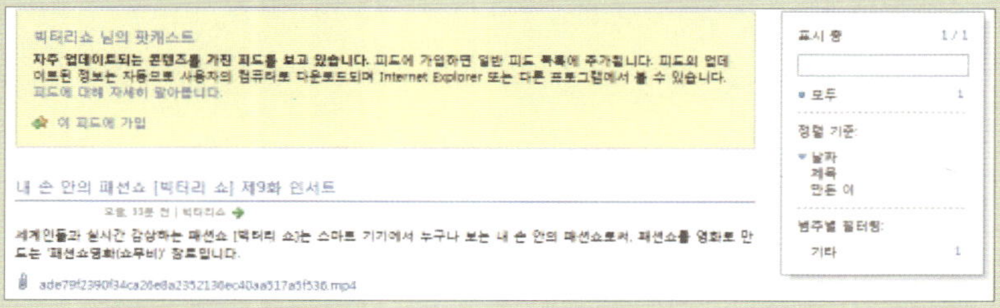

RSS 주소가 표시되었다. 이 주소를 팟캐스트 보기 애플리케이션의 방송 목록에 추가시켜 주면 된다.

2 팟캐스트 인기 방송의 예

나는 꼼수다 : http://old.ddanzi.com/appstream/ddradio.xml
두시탈출 컬투쇼 : http://wizard2.sbs.co.kr/w3/podcast/V0000328482.xml
나는 호구다 : http://movie.betanews.net/pod_hogu/hogu.xml
최강희의 볼륨을 높여요 : http://tune.kbs.co.kr/rss/112.xml
나는 꼽사리다 : http://old.ddanzi.com/appstream/ggobsari.xml

3 팟캐스트 방송 듣기

팟캐스트 방송을 듣는 방법은 간단하다. 애플社의 경우 아이튠즈를 실행하고 업로드 된 팟캐스트 방송을 선택하고 다운로드 받은 뒤 해당 기기에서 실행하면 된다. 또한, 실시간으로 듣고자 할 경우에는 앱스토어에 접속해서 '팟캐스트' 혹은 'PODCAST'를 검색하고 방송 청취 및 다운로드가 가능한 애플리케이션을 선택해서 자신의 기기에 설치하면 된다.

안드로이드 운영체제를 사용하는 스마트 기기는 안드로이드 마켓에 접속해서 마찬가지로 '팟캐스트' 혹은 'PODCAST' 애플리케이션을 다운로드 받아 설치한다. 안드로이드 마켓에서 사용할 수 있는 애플리케이션은 라디오 인(radio inn) 등이 대표적이다.

단, 팟캐스트 방송은 실시간 청취보다 다운로드 후 청취를 추천한다. 팟캐스트 방송은 제작자의 서버에서 트래픽이 생기며 앱스토어나 안드로이드 마켓은 단순 방송 주소 링크만 해주기 때문에 트래픽에 상관없다.

결국, 이용자들이 실시간으로 청취를 사용할 경우, 팟캐스트 방송 제작자가 이용하는 서버에 트래픽이 과도하게 발생되어 제작자의 주머니 사정을 위협할 수 있다. 실례로, 나는 꼼수다를 제작하는 딴지일보의 경우 월 호스팅 비용이 2천 5백만 원이 넘는다고 하니 말이다.

누군가 무료로 올린 팟캐스트 방송을 이용할 때 최소한 다운로드 후 청취하는 방법이다.

1 한 번에 동영상 올리기

동영상 블로그로서 유튜브(www.youtube.com), 네이버, daum에 대해 알아보면서 동영상 콘텐츠를 블로그에 올리는 방법에 대해 소개한다. 또한, 네이버와 daum에 올린 동영상이 검색 페이지에 어떻게 표시되는지 알아보고 동영상 이름 짓기에 대해 살펴보도록 하자.

1 유튜브에 동영상 올리기

유튜브는 세계 최대 동영상 공유 사이트로 인기를 얻고 있다. 물론, 유튜브 외에도 중국을 비롯하여 다양한 동영상 사이트가 많은데, 인터넷에서 가장 많이 알려지고 서비스를 운영하는 모기업이 구글이라는 점에 감안하여 본 단락에서는 유튜브에 대해서 소개하도록 한다.

(1) 회원 계정 만들기

유튜브에 동영상을 올리려면 회원으로 가입되어 있어야 한다.

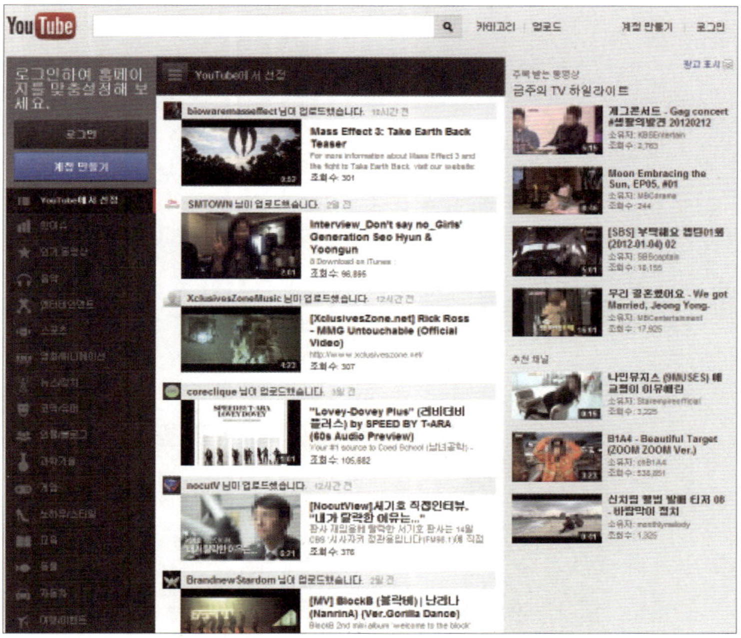

출처 : www.youtube.com

유튜브에는 이미 많은 영상들이 올라온 것을 확인할 수 있는데, 이와 같은 인기스타나 TV드라마, 혹은 완성도가 높은 영상들의 경우 구글(www.google.com)에서 각 콘텐츠 제작사와 제휴 관계를 맺고 콘텐츠를 공급받는 경우가 있다. 구글에서는 각 콘텐츠 제작사가 만들어 올리는 콘텐츠를 유튜브에 등록하고 그에 대한 수수료를 지급하는 방식이다.

❶ 계정 만들기를 누르고 유튜브 회원으로 가입해 보자.

이름과 지메일(www.gmail.com)을 사용하는 경우 지메일 주소를 적거나 자신이 사용하는 이메일 주소를 입력한다. 자동가입 방지를 위한 단어를 입력하고 지역 설정까지 마친 후 약관에 동의를 하면 가입신청 절차가 완료된다.

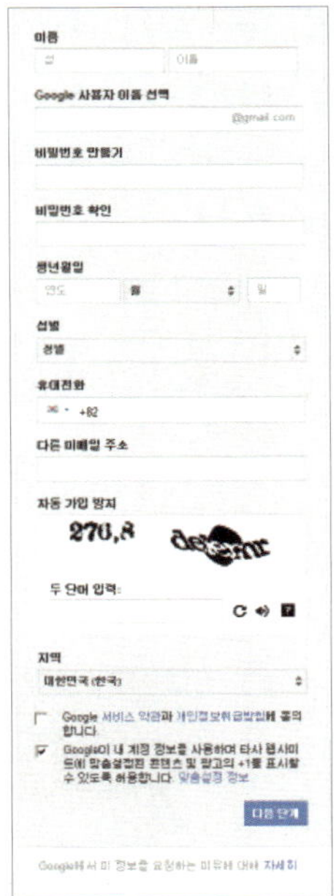

❷ 유튜브에 만든 아이디를 통해 로그인해 보자.

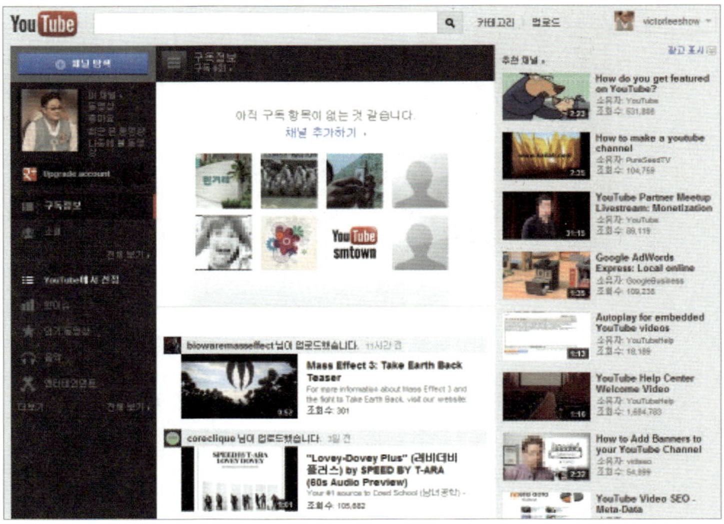

유튜브에 계정이 생겼다. 이제, 동영상을 올릴 수 있으며, 다른 사용자들에게 내 동영상을 노출시키고 조회 수에 따라서 광고 수익을 얻을 수도 있다. 유튜브 계정 사용방법에 대해 조금 더 알아보도록 하자.

❸ 페이지 오른쪽 위에 유튜브 계정 표시를 마우스로 누르면 기본 메뉴가 표시된다. 내가 즐겨찾기한 동영상 목록이나 나중에 볼 동영상, 좋아하는 동영상 목록 등이 표시된다.

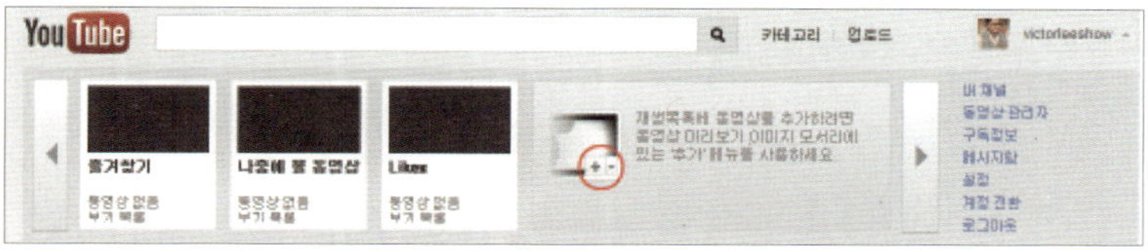

❹ [내 채널] 기능은 다른 이의 동영상을 '피드(feed)' 받거나 내가 올린 동영상을 관리하는 방법이다. 필자가 만든 동영상을 일단 올려두어 내가 만든 동영상 목록에 표시되도록 해두었다.

❺ [동영상 관리자] 기능은 새로운 동영상을 업로드하거나 기존에 올린 동영상을 관리하는 기능인데, 최근 본 동영상, 동영상 검색 기록, 나중에 볼 동영상 등을 설정할 수 있다.

'올린 동영상'을 관리할 때는 [추가 대상] 메뉴를 통해 '즐겨찾기'나 다른 메뉴로 이동시키는 방식으로 설정하고, [작업] 메뉴를 사용해서 공개 여부를 결정하거나 등록을 하지 않을 수도 있다. 동영상이 많을 경우에는 새로 올린 순서대로 노출하거나 올린 시간별, 가장 많이 조회된 순서 등의 방식으로 살펴볼 수 있다. 각 동영상별로 댓글을 조회하고 조회한 사람들의 통계를 파악할 수도 있다.

❻ [구독정보] 기능은 유튜브에 업로드 되어 있는 동영상 중에서 [구독하기]를 누르고 내 계정에서 받아보는 기능이다. 이렇게 하는 이유는 하루에도 수없이 많은 동영상이 업로드 되는 유튜브의 특성상 재미있게 본 동영상을 재방문해서 보기 어렵기 때문에 내 계정으로 불러와서 로그인만 하면 언제든 볼 수 있게 하기 위해서이다.

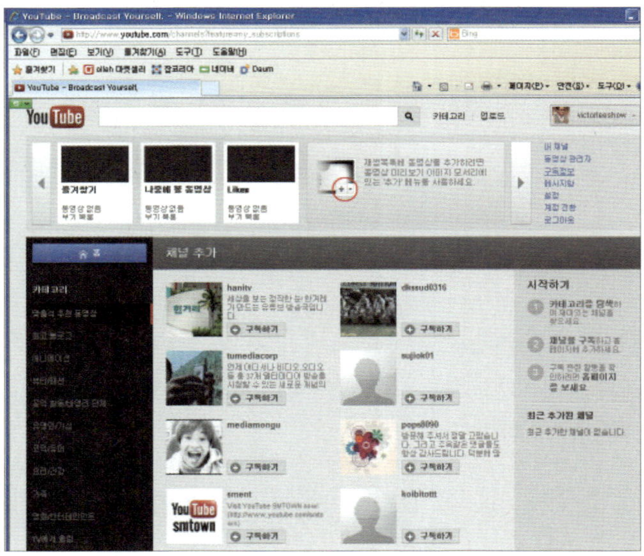

❼ [메시지함]에서는 동영상 콘텐츠를 근거로 다른 사용자들과 주고받은 메시지를 관리하는 메뉴다. 동영상에 달린 댓글을 확인하거나 주소록을 설정해서 다른 사용자에게 동영상 소식을 전달할 수도 있다.

❽ [설정] 메뉴에서는 계정 개인정보를 관리한다. 프로필을 설정하거나 개인정보 보호 관리가 가능하다. 유튜브 계정에서 애드센스 계정을 관리하거나 프로모션 동영상으로 동영상을 홍보하는 것에 대해 알아볼 수 있다. 이 말은 유튜브에 동영상을 올리는데 그치는 게 아니라 내가 올린 동영상을 다른 사용자들이 구경할 수 있도록 유튜브 내에서 다시 홍보할 수 있다는 뜻이다.

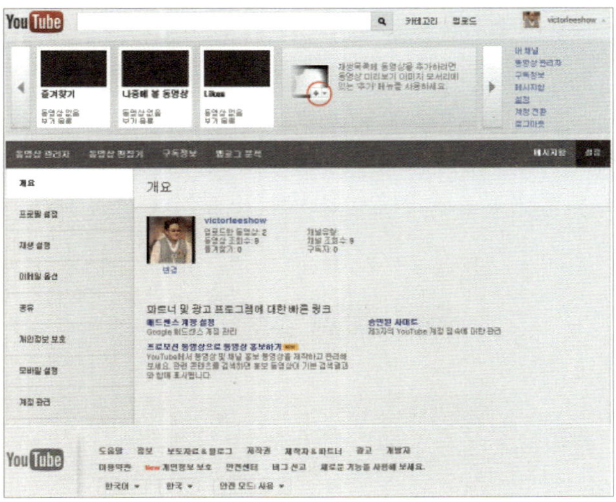

❾ [설정] 페이지에서 눈여겨 봐야할 부분 중에 하나로 [모바일 설정]이 있다. [모바일 설정]이란 스마트폰 등에 있는 동영상이나, 새로 동영상을 촬영하고 이메일로 전송해서 자신의 유튜브 계정에 등록할 수 있는 방법이다. 유튜브에 동영

상을 바로 올릴 수 있는 주소는 자신의 모바일 기기 전화번호부에 저장해 두고 손쉽게 사용하도록 한다.

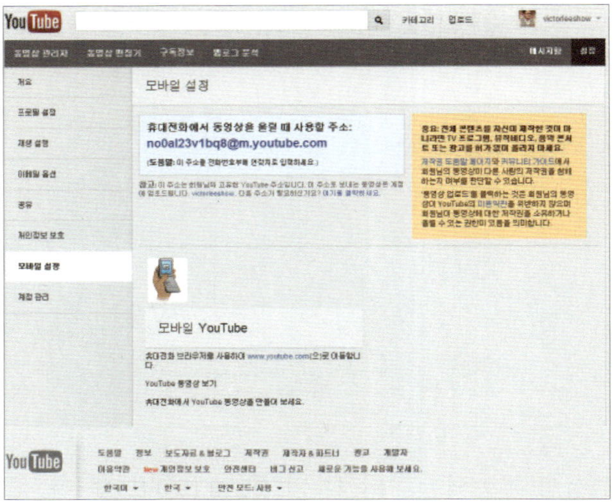

스마트폰을 포함한 모바일 휴대전화에서 유튜브로 동영상을 올릴 때 사용할 전송 주소가 지정되는데, 단 주의해야 할 사항은 자신이 직접 제작하지 않고 남의 동영상을 함부로 전송하면 저작권법에 위배되는 행동으로 저작권 침해 범죄가 될 수 있다. 가령, 콘서트 현장에서 공연 모습이나 TV를 보던 중 해당 방송 영상을 촬영해서 유튜브에 올리는 것은 금지되어 있다.

(2) 동영상 올리기

자, 이제 유튜브에 동영상을 올리는 방법에 대해 알아보자.

❶ 사용자 계정에서 [동영상 관리자]를 클릭, '업로드' 메뉴를 누르거나 유튜브 로그인 첫 페이지에서 [업로드] 메뉴를 누르면 시작된다.

그런데, [업로드]를 누르면 유튜브의 안내 메시지가 나온다. '본인 확인제'에 의해 한국 내에서는 '동영상' 또는 '댓글' 업로드 기능을 사용할 수 없으니 이 기능을 사용하려면 [위치] 메뉴에서 한국 외에 다른 국가로 설정해서 사용하라는 안내 문구이다.

이게 무슨 뜻인가? 이 말은 2012년 3월 기준, 한국에서는 인터넷에 댓글 등을 올릴 경우 본인 확인제, 즉 실명을 사용하는 경우에만 가능하게 되어 있으므로 익명성 활동이 가능한 유튜브 계정의 경우 동영상 업로드나 댓글 작성이 불가능하다는 설명이다.

그러므로, 동영상을 유튜브에 올리거나 다른 이의 동영상을 보고 댓글을 달고 싶다면 [위치] 설정에서 '한국' 외에 다른 국가로 설정해야 한다는 뜻이다. [위치]에서 아무 국가로 위치를 설정하고 다시 [업로드]를 눌러보자.

유튜브에 동영상 업로드 페이지가 나타났다. 동영상을 올리는 방법은 크게 3가지로 나뉜다. [컴퓨터에서 파일 선택]을 통해 바로 올리는 방법이거나 웹캠(웹 카메라)을 통해 동영상을 촬영하면서 녹화하고 해당 영상을 바로 올리는 방법이다. 또한, 여러 개의 동영상을 동시에 올리는 방법이 있는데, 'Ctrl' 키를 누른 상태에서 동영상 파일들을 선택하면 된다.

유튜브에 올릴 수 있는 동영상은 HD 화질의 동영상으로도 15분 분량이 가능하다. 하지만, 용량을 더 늘리고자 한다면 20G 분량의 동영상으로 최대 12시간 길이의 동영상을 업로드할 수 있다.

다만, 유튜브에 재생시간이 더 긴 동영상을 업로드하려는 경우에는 권한을 확보해야 하는데 유튜브 커뮤니티 가이드를 기준으로 문제가 없는 계정이어야 하고, 사용자가 휴대전화로 계정을 확인해야 하며 해당 계정의 콘텐츠에 대해 ID 차단 조치를 받은 경력이 없어야 한다는 전제 조건이 붙는다.

❷ [컴퓨터에서 파일 선택]을 누르고 컴퓨터에서 동영상을 선택하면 업로드 과정이 진행된다.

❸ 동영상 업로드가 완료되면 동영상의 URL 주소가 자동으로 설정되고, 해당 영상에 대해서 [제목], [설명], [태그]를 입력하게 된다. 동영상 콘텐츠는 카테고리를 지정하고, 개인정보보호 설정에서 [공개], [미등록], [비공개] 중에서 선택한다.

❹ 유튜브에 올린 동영상은 소셜네트워크 서비스를 통해 공유할 수 있다. 트위터와 페이스북뿐 아니라 구글플러스를 비롯하여 라쿠텐블로그, 텀블러, 웨브리블로그, 블로거, 야후재팬, 구, 믹시, 아메바 등의 서비스에도 동영상 업로드 정보를 보낼 수 있다.

❺ [수정] 메뉴를 누르면 내가 올린 동영상에 다양한 효과를 줄 수 있는데, [말풍선], [참고], [제목], [스포트라이트], [라벨] 등을 추가할 수 있으며, 해당 특수효과를 바로바로 수정할 수도 있다.

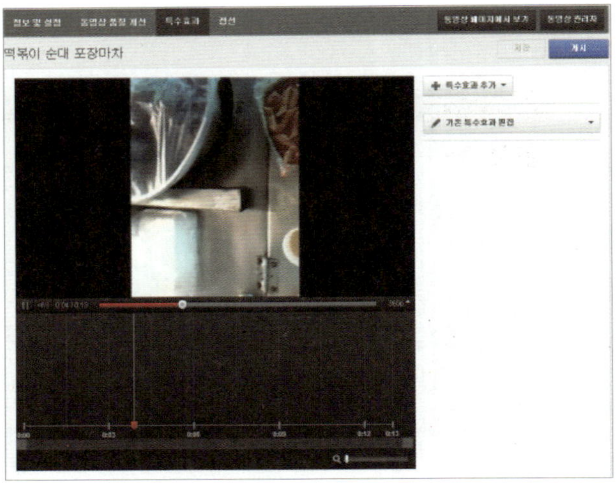

❺ [말풍선] 기능은 동영상 내에 텍스트 문구를 표시하는 기능이다. 말풍선이 들어갈 위치를 지정하고, 글자 크기와 색깔도 설정할 수 있다.

[말풍선]에는 동영상을 보는 사용자들을 대상으로 특정 사이트로 이동할 수 있는 '링크' 기능도 있는데, 말풍선에 링크 주소를 넣고, 사용자가 동영상에서 말풍선을 클릭하면 해당 주소로 이동되는 기능이다. 이와 같은 방식으로 동영상 내에 특정한 위치나 영역을 강조하기 위해 참고, 제목, 스포트라이트 등의 기능이 가능하다.

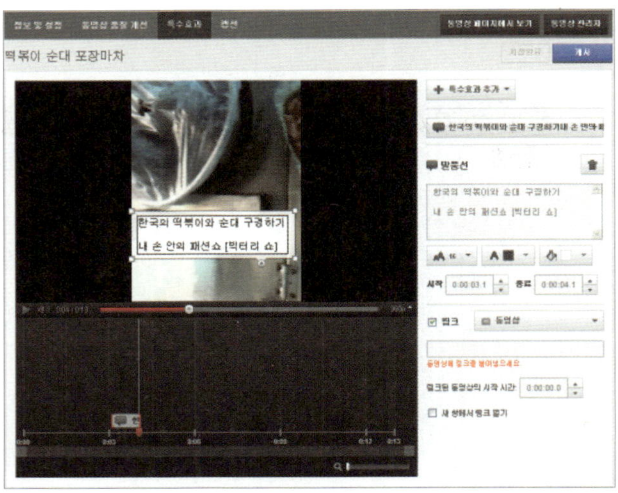

❻ 만약, 동영상을 삭제하려고 할 경우에는 마우스를 동영상 제목 위로 놓으면 X 표시가 나타나고, 여기를 누르면 해당 동영상이 삭제된다. 또는 [동영상 관리자] 페이지에서 해당 동영상을 클릭하고 [작업] 메뉴를 열면 '삭제' 기능이 표시된다.

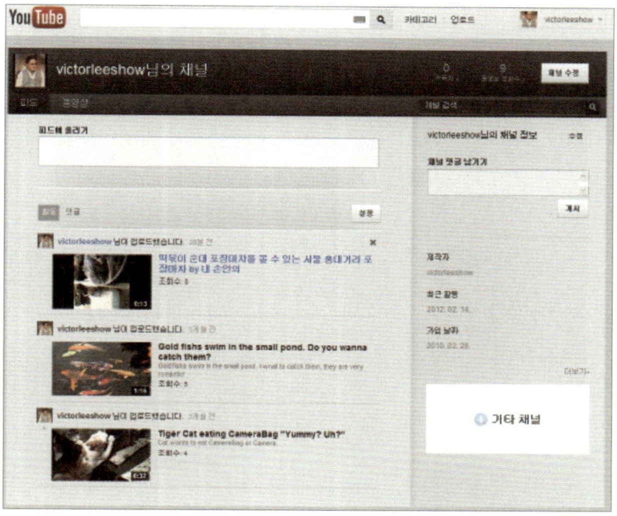

이상과 같이 유튜브에 동영상을 올리고 다른 사용자들과 공유하는 방법에 대해 알아봤다. 그렇다면, 누구나 동영상을 올릴 수 있는 유튜브에서 사용자를 지원한다는 수익 프로그램은 무엇일까? 동영상에 유튜브 광고주로부터 받은 광고를 게재하여 그 광고 게재 수수료를 동영상 제작자와 나눈다는 방침인데, 어떻게 진행되는 것일까? 어디서 신청하고 그 대상자는 누가 해당되는지 알아보자.

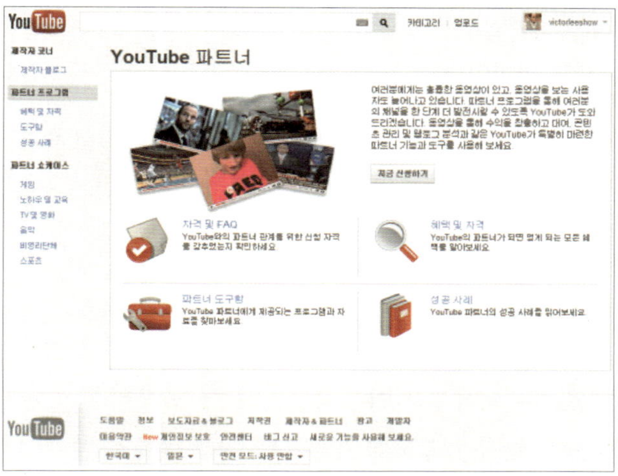

출처 : http://www.youtube.com/partners

동영상 광고 수익 프로그램에 대해 신청하려면 유튜브 로그인 상태에서 페이지 아래쪽에 표시되는 [제작자&파트너]를 클릭하고 [파트너 되기], [지금 신청하기]를 누르거나 해당 페이지 주소를 직접 URL 입력하고 볼 수 있다.

동영상 수익에 대해 간단히 설명하자면 콘텐츠 원작자가 유튜브에서 수익 공유를 통해 돈을 벌 수 있도록 지원하는 서비스로서, 동영상과 함께 연관된 광고가 표시되게 하거나 동영상을 스트리밍하는 방식으로 대여할 수 있도록 지원하여 수익을 얻는 방식이다.

[지금 신청하기]를 눌러서 참여해 보자.

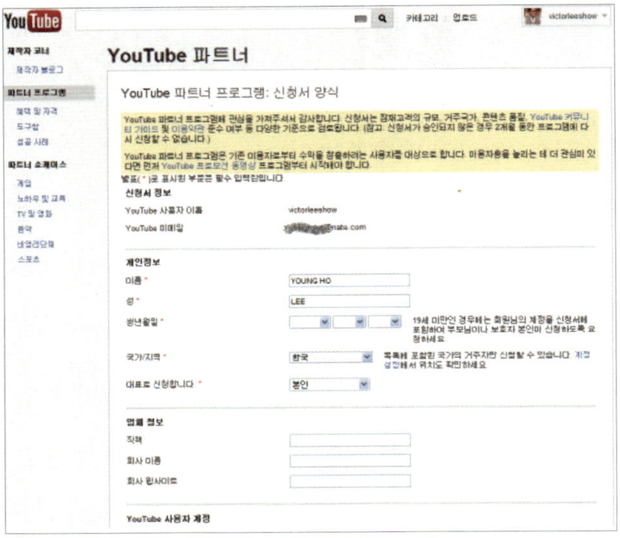

유튜브 파트너 프로그램에 신청서를 작성하는 페이지가 나타난다. 해당 항목을 작성하고 신청하면 유튜브에서 내부 검토 후 답장을 보내온다.

다만, 사용자가 올린 동영상 개수가 너무 적거나 다른 사용자들에 의해 조회된 적이 적으면 심사에 통과하지 못할 수도 있다. 인기 없는 동영상을 올리는 사용자에게 돌아갈 수익은 없기 때문이다.

따라서, 유튜브 파트너 서비스에 관심을 갖고 있는 사람이라면 먼저 유튜브에 동영상을 충분히 올리고, 각 동영상들에 대해서 주위 사람들이나 트위터, 페이스북을 통해 동영상을 보라고 홍보하는데 노력을 기울여야 한다. 그렇게 어느 정도 조회 수가 늘어나고 클릭 수가 확인되면 유튜브 파트너가 될 가능성이 더 높아질 수 있기 때문이다.

❷ 네이버 블로그에 동영상 올리기

유튜브에 이어 본 단락에서는 네이버(www.naver.com)에 동영상을 올리고 검색결과 페이지 노출되는 것에 대해 알아보자. 네이버 블로그의 경우 동영상 블로그라고 부르기보다는 텍스트 위주로 구성되는 게 자연스럽다. 또한, 국내 네이버 사용자 수가 많은 까닭도 사용자에게 필요한 정보 검색이 자유롭고 블로그 구성이 다양하다는 장점이 어필하는 만큼 네이버에서는 텍스트 위주로 블로그를 운영하되 동영상을 첨부하는 방식으로 운영하는 게 좋다.

본 내용은 네이버에 블로그를 운영하는 방식에 대한 설명이 아니라 동영상 콘텐츠를 올리고 네이버 검색결과 페이지에서 검색되도록 하는 방법에 관한 설명이다.

(1) 동영상 한 번에 올리기

❶ 네이버 블로그에 와서 [포스트 쓰기] 메뉴를 클릭하고 글쓰기 페이지를 연다.

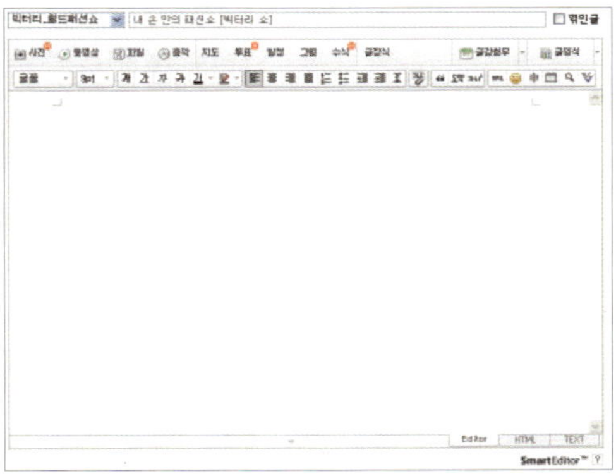

❷ [동영상] 메뉴를 클릭한다.

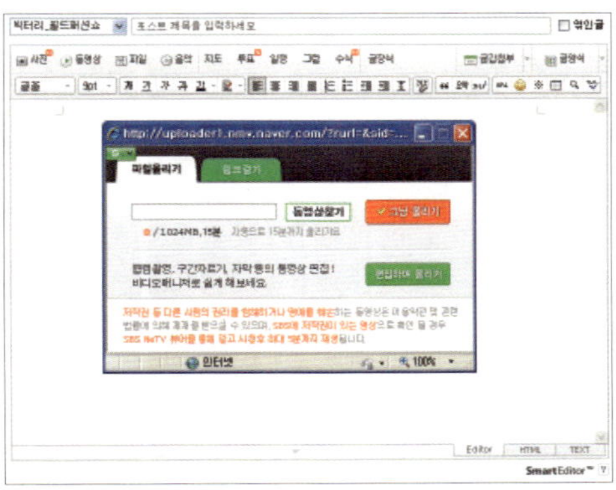

❸ [동영상 찾기]를 누르고 '내 컴퓨터'에서 해당 동영상을 찾는다.

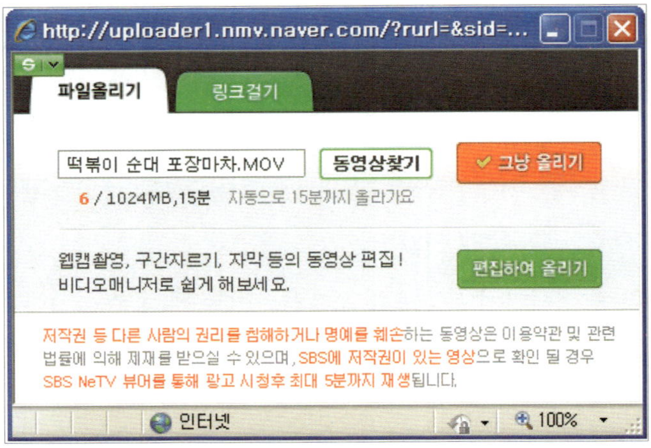

❹ [그냥 올리기]를 누른다.

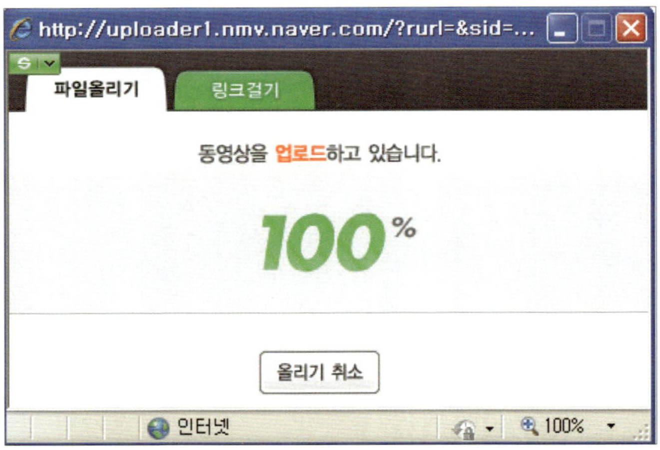

동영상 업로드가 완료되면 대표 이미지를 선택한 후 [확인]을 누른다. 잠시 후 블로그에 동영상이 표시된다. 네이버 블로그에서는 동영상 업로드 방식이 매우 간단하다.

참고로, 직접 만든 동영상 파일이 없을 경우에는 다른 곳에 있는 동영상을 내 블로그에 넣기도 가능하다. [링크 걸기] 메뉴를 누르고 실행하는데, 이 경우 동영상이 있는 페이지에서 해당 주소를 복사해서 URL 입력 창에 붙여넣기를 하면 된다. 혹은, URL이 없고, 소스 코드를 알 경우에는 소스 코드를 직접 붙여 넣을 수 있다. 블로그에 동영상이 표시되는 걸 확인할 수 있다.

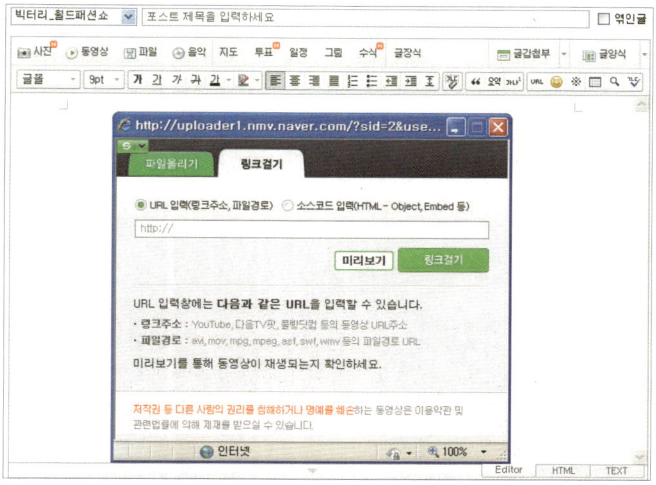

(2) 동영상 손쉽게 편집하기

그럼, 네이버 블로그에 올리는 동영상은 그냥 그대로 올려야만 할까? 동영상 편집에 대해 전문 지식이 없을 경우에는 어떻게 해야 할까? 이 경우, 동영상 초보자라고 하더라도 쉽게 이용할 수 있는 방법이 있는데, [동영상] 이미지를 클릭하고 표시되는 업로드 팝업 창에서 [편집하여 올리기]를 실행하도록 한다.

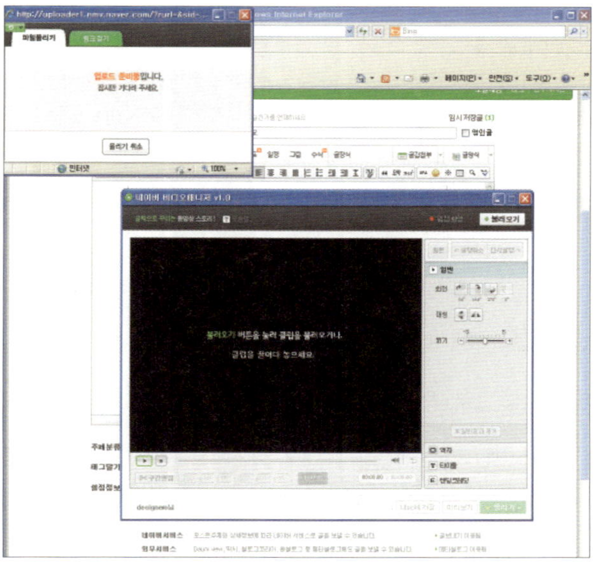

만약, [네이버 비디오 매니저]란 프로그램이 없을 경우 다운로드하여 설치하는 과정이 실행되고, 잠시 후 동영상을 불러와서 편집할 수 있는 팝업 창이 나타난다. 컴퓨터에서 동영상을 불러와 보도록 하자.

[불러오기]를 누른다.

네이버 비디오 매니저 기능을 사용해서 다양한 동영상 편집이 가능하다. 구간을 잘라내어 편집할 수 있고, 동영상을 회전하거나 좌우 또는 상하로 대칭시킬 수 있다. 또한, 동영상의 밝기를 조종해서 전체적인 시간대나 느낌을 색다르게 표현할 수도 있다. 각 기능은 실행 후에도 실행 취소를 통해서 원래 상태로 되돌릴 수도 있으니 알아두자.

각 동영상은 액자 기능을 추가할 수도 있고 제목을 넣거나 동영상 제작에 참여한 사람들의 이름을 엔딩크레딧에 올릴 수도 있다. 동영상 편집이 끝나면 [올리기]를 실행해서 블로그에 올리도록 한다.

(3) 동영상 한눈에 확인하기

네이버 블로그에 올리는 동영상은 정해진 크기로 업로드 된다. 정해진 크기에 맞게 표시되고, 용량은 10분 이내로 제한된다. 가령, 20분짜리 동영상을 올린다고 해도 블로그에 업로드하는 순간 10분 길이로 잘린다. 10분 1초부터 나머지 동영상은 안 보인다는 뜻이다.

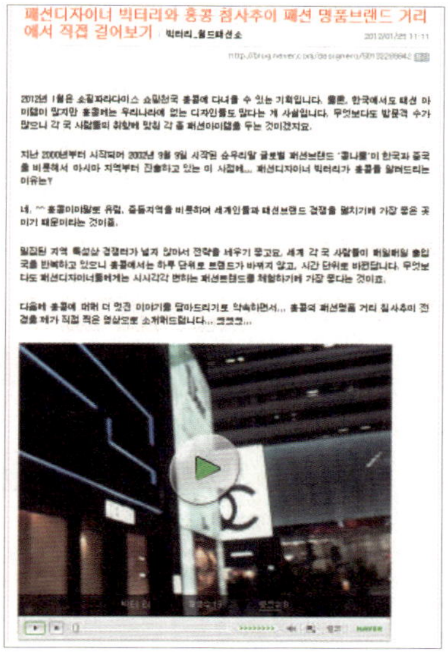

블로그에 동영상을 올린 후 로그아웃하고, 다시 해당 게시물을 확인해보면 정상적으로 나타나는 걸 확인할 수 있다. 동영상 중간에는 플레이(Play)를 실행하는 이미지가 표시되고, 동영상을 올린 사람과 재생 수, 링크된 수를 표시해 준다.

문제는 그 다음이다. 앞서 수없이 강조했지만 네이버 블로그를 운영하고 방문자 수를 확보하는데 가장 중요한 부분은 네이버 검색결과로 나타나야 한다는 점이다. 아무리 많은 자료를 올리고 글을 빼곡히 써서 블로그를 매일 관리한다고 해도 네이버에서 "검색" 되지 않으면 무용지물이다. 하지 않아도 되는 일들을 하는 것과 같다.

자, 그럼, 필자가 만들어 올린 동영상을 네이버에서 검색해 보자.

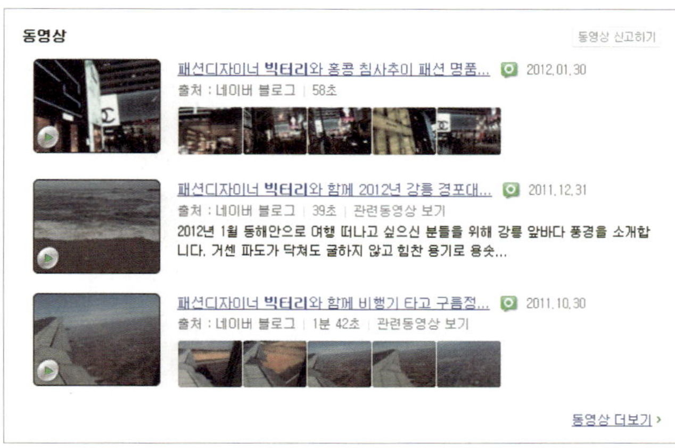

네이버에서 '빅터리'라고 검색하니 동영상 카테고리에 필자가 올린 동영상이 검색되었다. 이번엔 '홍콩 침사추이'로 검색해 보자.

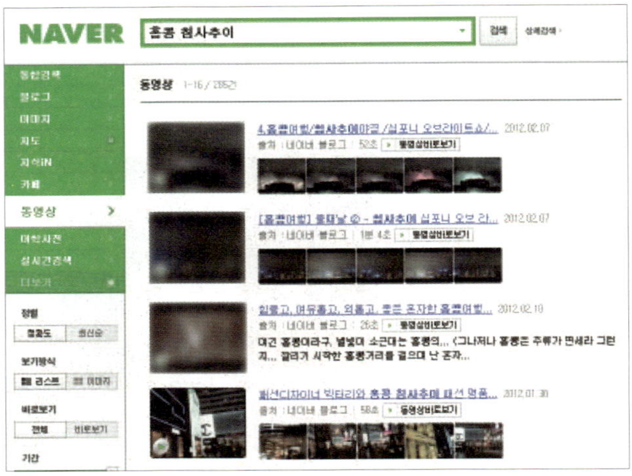

역시 동영상 정보가 검색되는 것을 알 수 있다. 단, 업로드 시기에 따라 최신 자료 순으로 표시되는 덕분에 필자보다 나중에 올라온 동영상들 뒤에 배치된 것을 볼 수 있다. 이 동영상을 다시 확인하기 위해 모바일에서 네이버를 접속, 해당 검색어를 입력해 보자.

스마트폰에서 인터넷 기능을 실행하고 네이버에 접속 후에 검색란에 홍콩 침사추이를 입력해 보자.

스마트폰에서도 표시가 된 걸 볼 수 있다. 해당 동영상을 클릭하면 동영상이 스트리밍 된다.

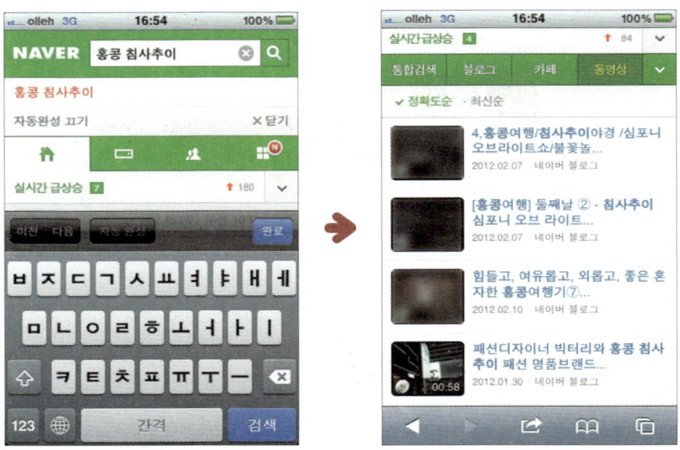

자, 그럼 컴퓨터와 스마트폰에서도 검색되는 동영상의 검색 노하우는 무엇일까? 그건 바로 동영상 파일 이름 정하기이다.

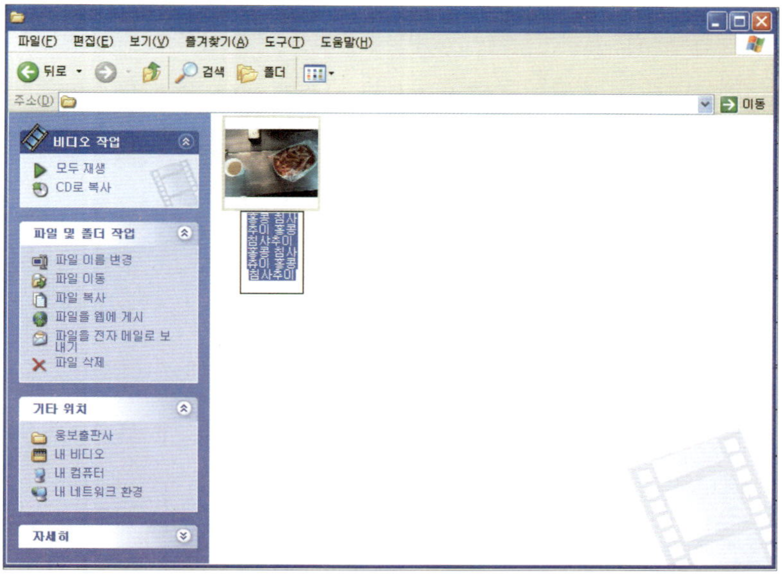

예를 들어, 블로그에 내용을 적을 때 다수의 블로거들은 블로그 글 제목으로 '홍콩 침사추이'만을 포함되게 적을 것이다. 하지만, 필자의 경우에는 약간 다르다. 블로그에 올릴 동영상 파일을 확인하고 그 파일명을 홍콩 침사추이가 포함되게 적는다. 그 파일 이름 만드는 방식을 공개하자면 [홍콩침사추이, 홍콩 침사추이, 홍콩 침사추이, 홍콩 침샤추이, 홍콩 침사츄이] 등이다.

이제 정확히 그 차이점을 알겠는가? 다수의 블로거들이 아무리 블로그에 동영상을 올려도 제대로 네이버에 검색되지 않을 때가 많은데, 그건 바로 글 제목만 신경 썼기 때문이다. 동영상 파일은 신경 안 쓰고 제목에만 검색될 것 같은 인기 주요 검색어를 넣는다면 다른 블로거들과 크게 다를 바 없는 글을 올리는 셈이다.

네이버 검색 로봇은 웹페이지를 다니며 검색어를 끌어 모아서 검색결과로 표시하게 되는데, 검색어에 대한 신뢰도와 정확도를 평가하면서 동시에 관련 업데이트 자료와 각 파일명도 검색한다. [윈도우]에서 [검색]을 사용해 본 사람이라면 조금 더 쉽게 이해할 것이다.

윈도우 [시작] 메뉴를 누르면 [검색] 메뉴가 나타나는데 이때 검색 대상을 고르라는 영역을 보면 '그림, 음악, 비디오, 문서, 모든 파일, 폴더, 컴퓨터, 사람' 등의 표시 내용을 보게 된다. 검색 프로그램은 블로그 글 제목만 검색하는 게 아니라 전체 웹페이지에 올라온 모든 자료를 검색하게 되고, 이 경우 블로그 글 제목과 글 내용, 그리고 첨부 파일명까지 검색 자료로 포함시켜서 통계를 잡는 것이다.

다만, 네이버 블로그에 올리는 동영상은 운영자가 직접 올리는 동영상이어야 한다. 다른 곳에 있는 동영상을 URL 주소만 끼워 넣는 방식은 추천할 만한 방법이 아니다. 동영상이 어디에 있던 것인지에 따라서 검색결과로 표시될 수도 있고 안 보일 수도 있다.

3 daum 블로그에 동영상 올리기

네이버에 이어서 daum 블로그에 동영상을 올리고, daum 검색 페이지에서 확인하는 과정을 살펴보자. 포털 사이트의 검색 기능은 다른 경쟁 사이트와 차별화를 갖게 되는 중요한 요소이므로 각기 다른 검색 프로그램을 사용하는데, 해당 사이트의 특성화 전략에 따라 우선적으로 검색결과로 노출할 요소들을 취합하여 표시하게 된다.

daum 블로그에 동영상을 올리고 daum 검색을 통해 검색 페이지에 노출되는 방법을 알아보자.

(1) 동영상 한 번에 올리기

daum 사이트에 로그인 한 상태에서 블로그에 동영상을 올려보자.

1. [동영상] 이미지를 누르면 [동영상 첨부] 팝업 창이 나타난다. 여기서 [직접 올리기], [검색해서 걸기]를 선택하여 실행한다. 단, daum 블로그에 올릴 수 있는 동영상 형태는 avi, wmv, asf, mpeg, dv, mov, qt, flv 타입이며, 동영상 길이는 제한이 없으나 용량은 100M 이하여야 한다.

   네이버 블로그의 경우 시간의 제한으로 10분 이내만 업로드가 가능했던 것에 비해 daum에서는 시간은 길어도 무관하나 용량 제한이 있다는 점이 다르다. 업로드할 동영상 파일을 넣고 [올리기]를 누른다.

❷ 동영상이 업로드 되는 과정이 %로 표시된다. 전체 파일이 모두 업로드 되면 100%로 표시된다.

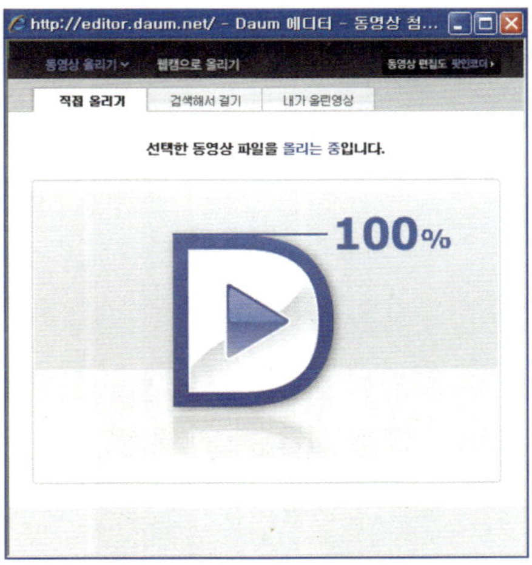

❸ 업로드가 완료되면 동영상을 대표할 대표 이미지를 선택하는 과정이 진행된다. 마음에 드는 이미지를 골라서 대표 이미지로 사용한다. 단, 동영상 업로드가 완료된 이후일지라도 캡처 기능을 사용하면 대표 이미지를 다시 바꿀 수 있다.

❹ 자, daum 블로그에 동영상이 업로드 되었다. 이제 나머지 내용을 모두 입력하고 [저장]을 누르면 완료된다. 이와 같은 방식으로 daum 블로그에 동영상을 올릴 수 있다.

(2) 동영상 손쉽게 편집하기

daum 블로그에 동영상을 올리면서 편집하는 방법에 대해 살펴보자. 앞서 네이버 블로그에서는 네이버 비디오 매니저 프로그램을 별도로 사용하여 편집 올리기 방법을 사용한 반면 daum에서는 '팟인코더'라는 동영상 편집 프로그램을 사용한다.

네이버에서 동영상을 올리는 과정에서 편집할 수 있는 기능을 동시에 사용할 수 있는데 비해서 daum 블로그에 올릴 동영상 편집은 별도로 팟인코더를 실행한 후 편집을 완료한 이후에 업로드를 해야 한다.

그런데, daum의 팟인코더 프로그램은 daum 블로그에 올릴 동영상뿐만 아니라 애플社의 아이폰을 비롯하여 스마트폰 및 기타 동영상 플레이 기능이 있는 기기에 적합한 모든 형태의 동영상을 편집할 수 있다는 점이 장점이다.

동영상 크기를 변경할 수도 있고, 파일 변환이 자유로우며 인코딩 과정을 통해서 파일 붙이기도 용이하다. daum에서 제공하는 동영상 편집 프로그램의 사용법은 다음 단락인 [손쉽게 동영상 만들기]를 통해 알아보도록 하자.

(3) 동영상 한눈에 확인하기

자, 그럼 daum 블로그에 올린 동영상을 확인해 보자. daum 첫 페이지에서 특정 키워드로 검색해 보자.

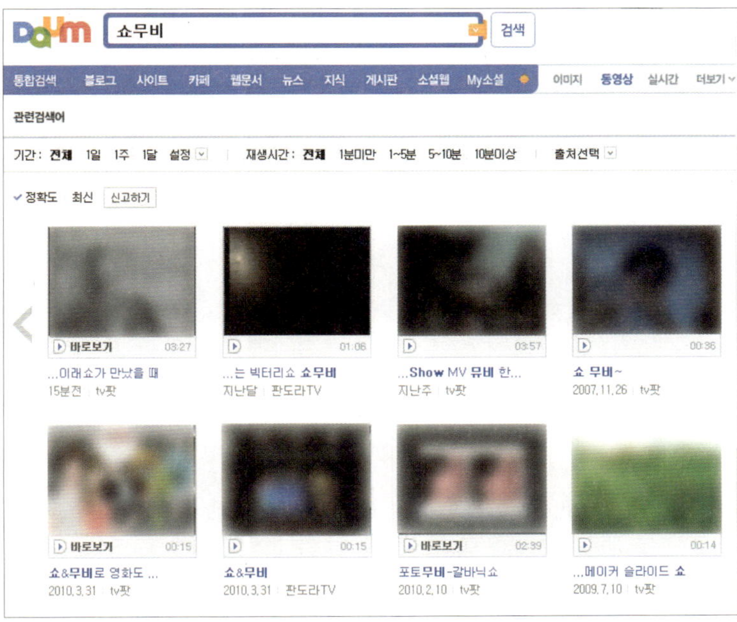

필자의 블로그에 올린 동영상 중에서 패션쇼영화를 뜻하는 '쇼무비(ShowMovie)'를 검색해보니 [동영상] 카테고리에 검색되는데, daum 블로그가 아니라 판도라TV(www.pandora.tv)라는 별도의 동영상 사이트가 표시된다. 이는 daum과 제휴를 맺은 동영상 사이트가 판도라TV이고 daum의 동영상 콘텐츠를 제휴하는 상태로 판단된다. 해당 동영상을 클릭하면 판도라TV 사이트로 이동한다.

동영상을 다시 검색해 보도록 하자. daum 동영상 카테고리는 tv팟, 카페, 판도라TV 등의 출처가 표시된다. 네이버의 경우 대부분 네이버 블로그였던 것에 비해 daum의 동영상 카테고리는 분야가 다양하다는 느낌을 받는다.

한편으로는 동영상 검색 지원 사이트가 많아서 다소 번잡하다는 느낌도 받고, 특히 판도라TV 등에서 특정 동영상을 보기 위해서는 반드시 광고를 먼저 거쳐야 하는 거추장스러움도 있다.

daum 동영상 카테고리 검색에서 [출처 선택]을 눌러서 동영상을 검색하고 싶은 분야를 지정할 수도 있으나 유튜브, 엠군, 곰TV, 풀빵닷컴, 온맘닷컴, TVCF, 마이게임티비 등 여러 출처가 있기에 어느 사이트를 특정해야 할 지 혼동될 수 있다.

정리해 보자.

daum 블로그에 올리는 동영상은 daum에서 검색할 경우 daum 블로그를 특정 검색분야로 지정할 수 있거나, daum의 블로그 위주로 관련 동영상을 검색하기보다는 daum과 제휴하여 동영상 콘텐츠를 제공하는 여러 사이트와 동시에 검색이 된다.

물론, daum 블로그에 올리는 동영상은 daum tv팟에 동시에 업로드 되므로 tv팟에서 검색될 수 있다. 하지만, 이 역시 검색어에 연관된 동영상 자료들이 다수 표시되므로 내 동영상을 통해서 블로그로 방문자들을 유도할 가능성은 크지 않다.

블로그에 동영상을 올릴 때 파일명과 글 제목을 비슷하게 작성하고, 검색어 사용빈도를 높인다고 해도 비슷한 단어로 조합된 다른 동영상들이 동시에 노출된다는 점에 주목해야 한다. 게다가 tv팟에서 검색되는 내 동영상은 블로그로 와야만 조회가 가능한 게 아니며, 동영상을 클릭한 사람이 tv팟 페이지 내에서 동영상을 보게 되며, 본문이나 원글 확인을 클릭해야만 daum 블로그로 옮겨 올 수 있다.

따라서, daum에서 블로그에 동영상을 올릴 때는 방문자 수를 늘리기 위한 정보성 콘텐츠를 만들기보다는 되도록 재미있는 내용의 동영상을 많이 올려서 다른 사람들이 tv팟에서 내 동영상을 볼 때 하나의 동영상 엔터테인먼트 블로그와 같은 이미지를 전달하는 게 좋다. 정보를 알기 위한 블로그 방문이 아니라 재미있는 동영상을 구경하기 위해 블로그를 방문하게 되는 것이다.

이러한 흐름은 미디어를 지향하는 daum의 방향성과도 부합되는 면이 많으므로 daum 블로그로서 인기를 얻게 되는 지름길이기도 하다.

2 손쉽게 동영상 만들기

나만의 동영상을 만드는 방법에 대해 알아보자. daum에서 제공하는 동영상 편집 프로그램 '팟인코더'를 사용해서 나만의 동영상을 편집해 보도록 하자.

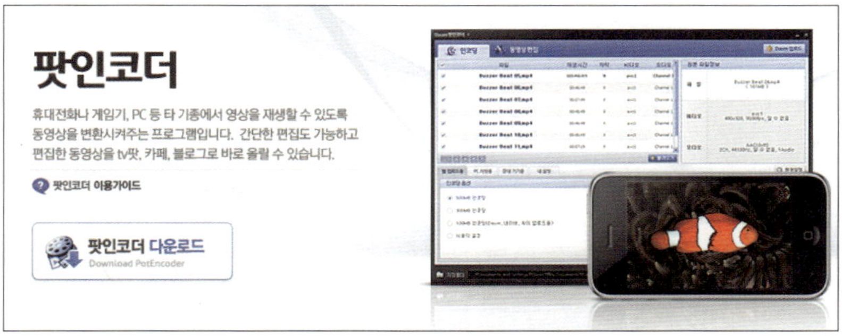

동영상을 잘 모르는 사람일지라도 누구나 읽으면서 한 번만 따라해 보면 금방 익힐 수 있는 사용법이 팟인코더의 장점이다.

1 나만의 동영상 만들기 – 팟인코더 사용하기

팟인코더는 daum 사이트 내에서 누구나 무료로 받을 수 있는 프로그램이다. 여러분의 컴퓨터에 다운로드 받아서 실행한다.

(1) 클릭 한 번으로 프로그램 설치하기

❶ 팟인코더 프로그램을 설치해 보자. daum 팟인코더 설치가 시작된다.

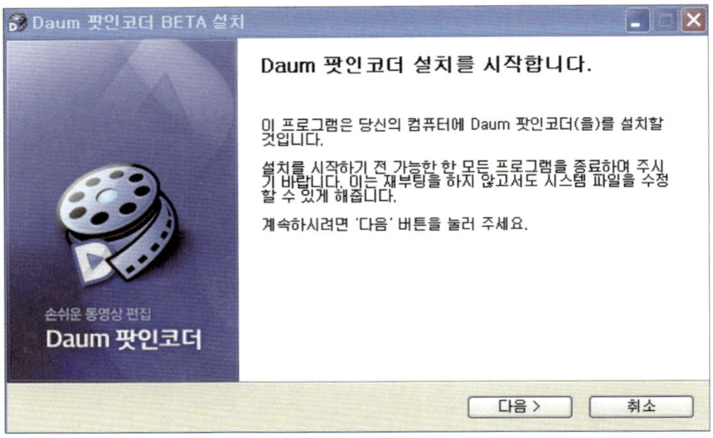

❷ 컴퓨터에 설치할 위치를 지정한다.

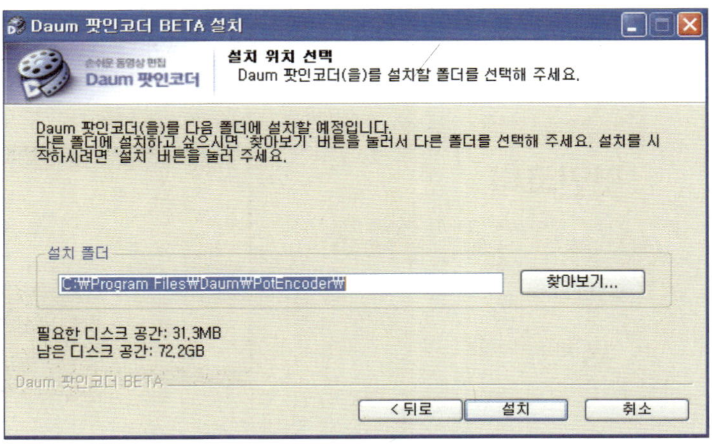

필요한 디스크 공간은 31M 정도이며, 프로그램을 설치할 위치는 사용자 자율적으로 지정해도 된다.

❸ 자, 이제 daum 팟인코더가 설치되기 시작한다.

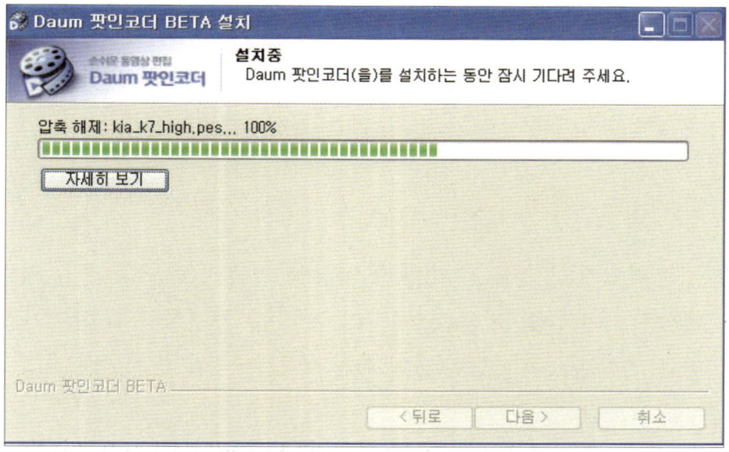

❹ 팟인코더 설치가 끝났다. [마침]을 누르고 프로그램을 실행해 보도록 하자.

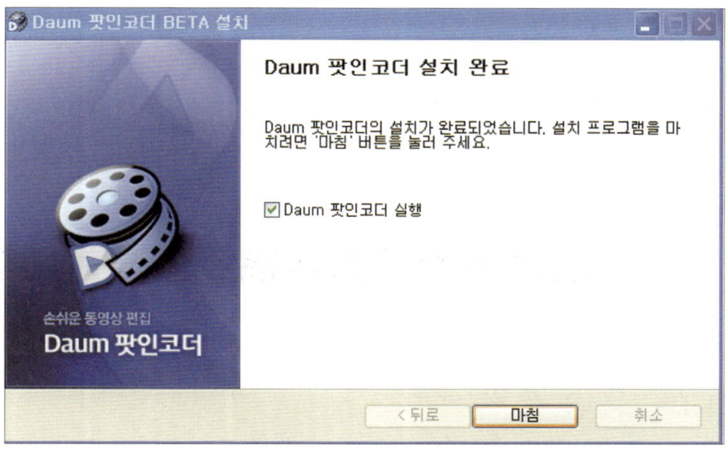

필자가 본 단락에서 동영상 편집 프로그램으로 팟인코더를 추천하는 이유는 동영상 편집 프로그램 가운데 사용하기 편리하고 누구나 인터넷에서 손쉽게 다운로드 받을 수 있으며 무료이기 때문이다. 또한, 처음부터 전문가용 프로그램을 사용할 경우 동영상을 다루는 작업에 대해 어렵다는 인식을 갖게 될 우려가 있는 점도 고려했다.

따라서, 동영상에 익숙하지 않거나 초보자일 경우 팟인코더를 사용해서 먼저 익숙해지도록 하고, 동영상을 편집하고 인코딩하는 과정에 익숙해진 다음에는 전문가용으로 사용되는 다른 편집 프로그램들을 사용하도록 하자.

(2) 스마트폰으로 촬영한 동영상 불러오기

스마트폰으로 촬영한 영상도 좋고 어떤 동영상도 좋다. 자신이 만든 동영상을 컴퓨터에 저장하고 팟인코더로 불러오도록 하자.

[불러오기]를 누르고 해당 동영상을 열면 팟인코더 파일 영역에 표시된다. 위 예에서 [내 손 안의 패션쇼 [빅터리 쇼]라는 동영상을 불러오기 한 결과이다. 비디오 정보, 오디오 파일 정보 등의 원본 파일 정보가 표시된다.

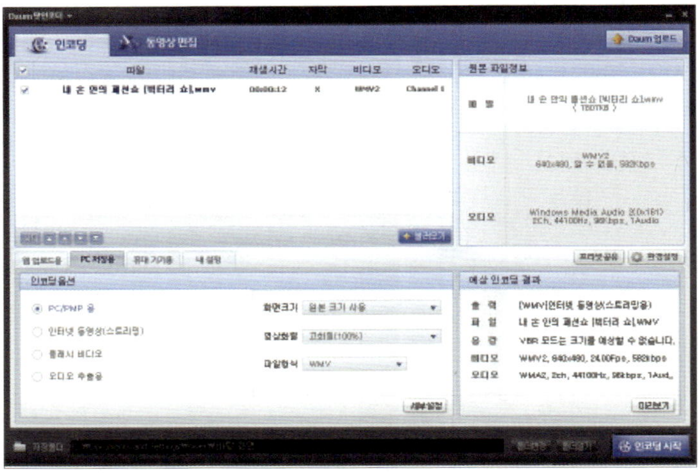

(3) 너무 쉬운 동영상 변환하기

[인코딩]이란 동영상을 다른 파일 형태로 변환하는 작업을 말하는데, 웹로드용, PC저장용, 휴대기기용으로 구분하여 변환할 수 있다. 각 변환 형태에 따라서 예상 인코딩 결과가 표시된다.

[웹로드용]이란 daum tv팟, 네이버, 싸이월드 사이트에 업로드하기 위한 용량으로 제한할 수 있으며, 500MB, 300MB로도 변환 가능하다.

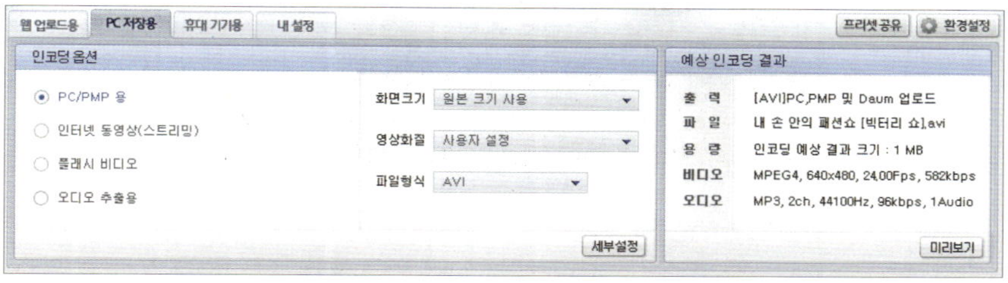

[PC 저장용]이란 PC/PMP용, 인터넷 동영상(스트리밍)용, 플래시 비디오형, 오디오 추출용으로 변환할 수 있다. 이때 화면 크기와 영상화질, 파일 형태를 변환할 수 있다. 단, 화면 크기의 경우 풀HD가 가능한 1280×720 크기가 최대이며, 이 외의 크기는 '원본 크기 사용'을 설정한다.

원본 크기에 따라 자동 변경 적용되는 화질 상태는 사용자 설정 기능으로 고화질, 중화질, 저화질로 각각 지정할 수 있으며, 파일 형식은 사용 환경에 따라서 avi, wmv, asf 등 다양한 형태로 설정 가능하다.

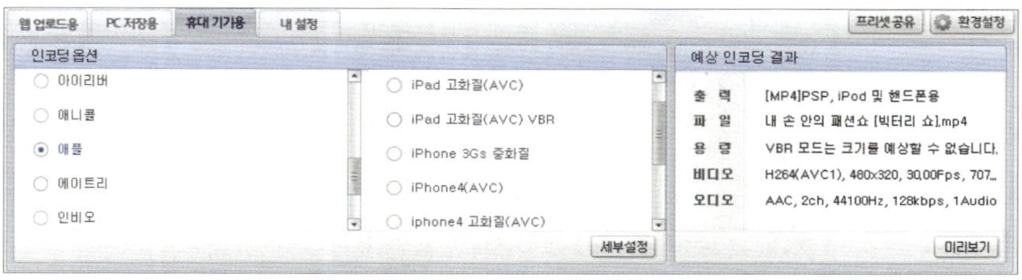

[휴대기기용]이란 내비게이션에 저장하여 시청할 수 있는 동영상 타입은 물론이고, 애플社의 아이폰을 비롯한 각 제조사의 스마트 기기에 맞는 동영상 타입으로 변환할 수 있는 기능이다. 옵션 창에 표시되는 제조사를 선택하면 동 회사에서 출시되는 제품이 나타나는데 이때 해당 제품의 이름 앞에 마우스로 표기를 해준다.

(4) 재미있는 내용으로 편집해서 붙이기

❶ [인코딩] 방법에 대해 알아봤다면 이번엔 [편집]에 대해 살펴보자. [동영상 편집]을 누른다.

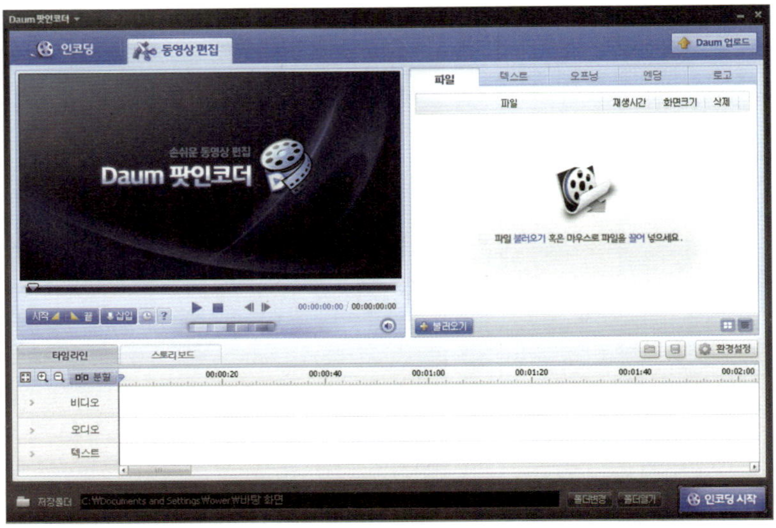

❷ 편집하고자하는 동영상 파일을 [불러오기]로 가져오거나 마우스를 이용해서 [파일] 영역으로 '끌어넣기' 해보자. [파일] 영역에 '내 손 안의 패션쇼 [빅터리쇼] 동영상 파일을 불러왔다.

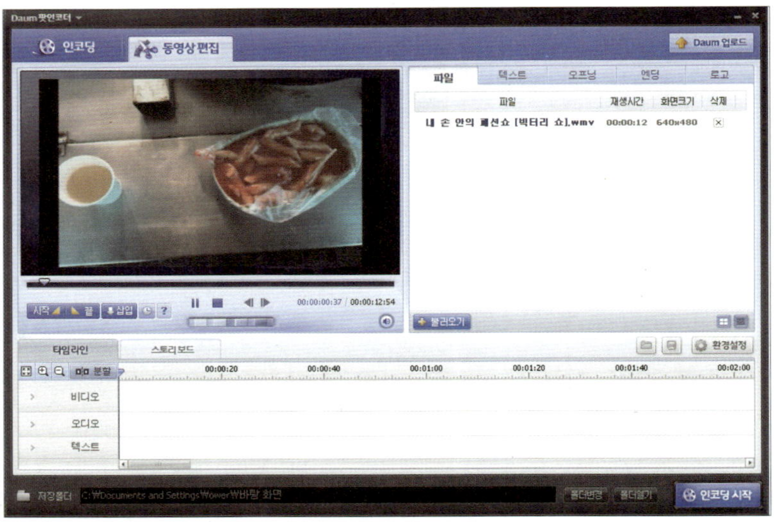

❸ [파일] 영역에 있는 파일을 마우스로 클릭 후 버튼을 누른 상태에서 왼쪽 영상 창으로 가져다 버튼을 떼면 편집하기 전 각 영상 파일을 미리 볼 수 있다. 이때, 마우스로 영상 창 아래 삼각형 버튼을 누르고 앞뒤로 옮기면서 영상 부분을 체크하면서 살펴볼 수 있다.

❹ 해당 파일이 편집하고자 가져온 파일이 맞다면 다시 마우스로 파일명을 클릭해서 누른 후 버튼을 떼지 않고 아래쪽 [비디오] 영역에 갖다 놓는다. 이곳을 가리켜 '타임라인'이라고 부르며 동영상이 스트리밍 되면서 각 시간대 별로 구분해서 영역을 자르거나 붙일 수 있다.

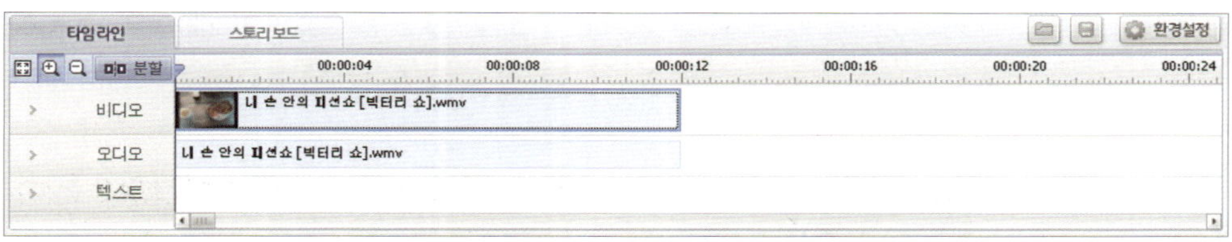

편집하려는 파일을 볼 때는 타임라인 구분 시간대를 늘리거나 줄일 수 있으므로 편집하려는 영역을 정확하게 구분하려면 해당 구간을 늘려서 분할하는 것도 방법이다.

동영상을 플레이하면서 자를 구간을 보고 파일을 자를 부분에서 [분할] 메뉴를 사용한다. 1초 이내의 구간은 분할되지 않으며 분할 횟수에는 제한이 없다.

(5) 자막 넣기

동영상을 편집하면서 [자막] 넣는 방법에 대해 알아보자.

❶ 팟인코더에서 자막을 넣는 기능은 [텍스트] 메뉴를 사용한다. 자막의 글자 형태, 크기, 굵기 등의 글자 속성을 설정하고, 자막이 영상에 배치될 때 페이드인이나 페이드아웃 되는 특수효과의 설정이 가능하다.

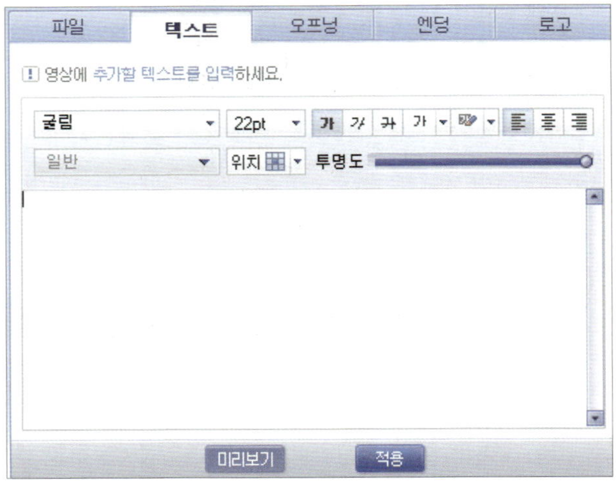

❷ 자막 효과는 [미리 보기]를 눌러서 영상 창 영역에서 미리 확인한 후에 영상에 적용한다. 또한, 자막 위치를 지정하여 영상의 제목이나 저작권자 등을 표시할 때 사용하며, 자막의 투명도를 지정하여 영상을 관람할 때 최대한 시야를 배려해줄 수 있다.

❸ 자막으로 사용할 텍스트를 입력하고 사용할 효과를 지정했다면 [적용]을 눌러 타임라인으로 위치시킨다. 자막으로 표시되는 파란색 네모를 마우스로 누르고 위치를 이동시킬 수 있으며, 네모의 양쪽 끝을 마우스로 누르고 이동시키면 자막이 들어갈 분량을 늘리거나 줄일 수 있다.

[오프닝]과 [엔딩]은 동영상의 시작과 끝에 추가하는 영상으로써 팟인코더에서 제공하는 기본 오프닝과 엔딩 장면을 추가할 수 있다. 오프닝과 엔딩은 자막과 동일하게 글자 속성을 변경하거나 투명도를 설정할 수도 있다.

(6) 로고 넣기

동영상에 로고를 넣어보자. 예를 들어 TV를 볼 때 드라마나 각 방송 프로그램에 들어가는 방송사 이름 표시를 볼 수 있는데, 이와 같이 영상 제작자가 자기만의 이미지를 만들어서 동영상에 로고로 사용할 수 있다.

[로고] 메뉴를 사용하는 방법 역시 어렵지 않다. [로고 사용하기]를 누르고 로고 이미지를 [불러오기]해서 영상에 넣을 준비를 한다. 단, 로고 이미지는 500KB 이내의 사이즈에 jpg, bmp, png 파일만 적용 가능하며, 포토샵 등의 프로그램을 사용하여 로고 이미지를 알파벳으로 만들고 알파벳 이외의 영역은 투명 이미지로 설정하면 마치 TV 방송 프로그램 영상 같은 효과를 낼 수 있다.

로고 이미지의 투명도를 설정하고 시작 지점과 종료할 지점을 시간으로 설정한다. 또한, 위치는 화면에서 보이는 상단과 하단으로 구분하여 적합한 장소에 배치한다. 로고 이미지를 설정 완료했다면 끝으로 [적용]을 눌러서 영상에 넣는다.

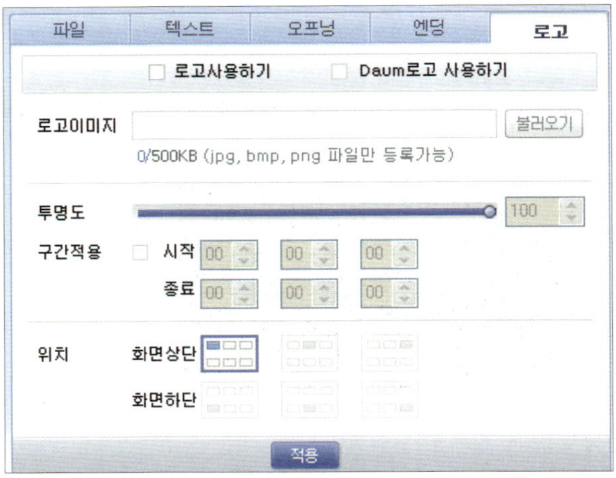

(7) 환경 설정하기

[인코딩] 작업에서 각각의 옵션을 설정할 때는 [세부설정]을 통해 변환하는 동영상에 대한 추가 조절 기능이 가능하다.

[세부설정] 메뉴는 [환경설정] 메뉴와 같은데, 인코딩 기능에서 필요한 화면 크기, 잘라내기 기능 등에 대해 추가 설정이 가능하다. 코덱과 화면 크기, 파일 형태 설정에 사용되며, 영상처리 기능과 자막, 로고 등에 대해 추가 설정이 필요할 때 사용한다.

예를 들어, 이따금 카메라를 잘못 들어서 찍은 영상이 거꾸로 되어 있거나 좌우가 뒤바뀐 영상이 있을 수 있는데 이때 [세부설정] 메뉴로 들어와서 '영상처리' 메뉴를 사용하면 좌우, 상하 대칭으로 영상을 바꿀 수 있고 일정 각도에 따라 회전도 가능하다.

(8) 완성된 동영상 감상하기

동영상 편집을 거쳐 인코딩까지 완료된 영상은 [daum 업로드] 메뉴를 사용해서 온라인에서 감상할 수 있다.

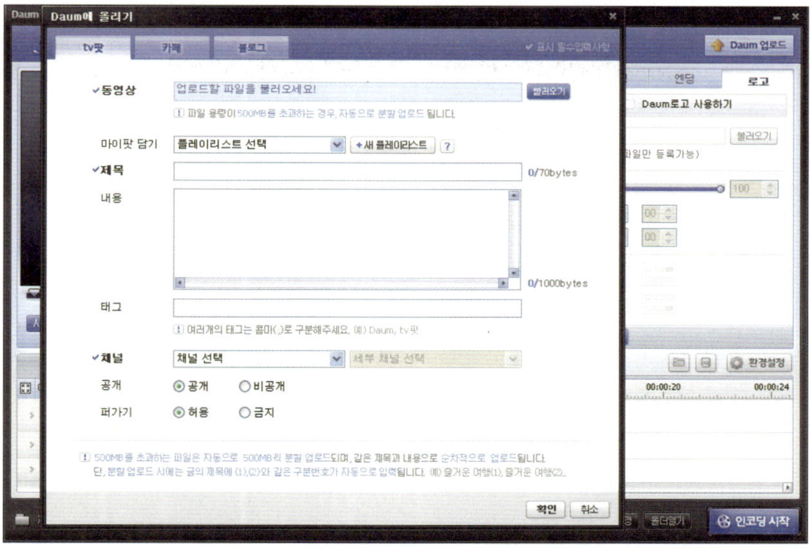

daum에 로그인한 상태에서 [daum 업로드]를 누르면 daum에 올리기 창이 나타난다. 이때, 완성된 동영상은 tv팟, daum 카페, daum 블로그에 올릴 수 있다. tv팟에는 자신의 아이디 계정으로 업로드 되며, 카페나 블로그는 로그인한 회원의 카페나 블로그로 업로드 된다.

단, 동영상 크기가 500MB를 초과하는 경우, 500MB 단위로 분할되어 업로드가 이뤄지며 글의 제목에 (1), (2), (3) 등처럼 연결을 표시하는 번호가 입력된다.

이상으로 daum 팟인코더 프로그램을 사용하여 동영상을 편집하는 기초 작업을 살펴봤다.

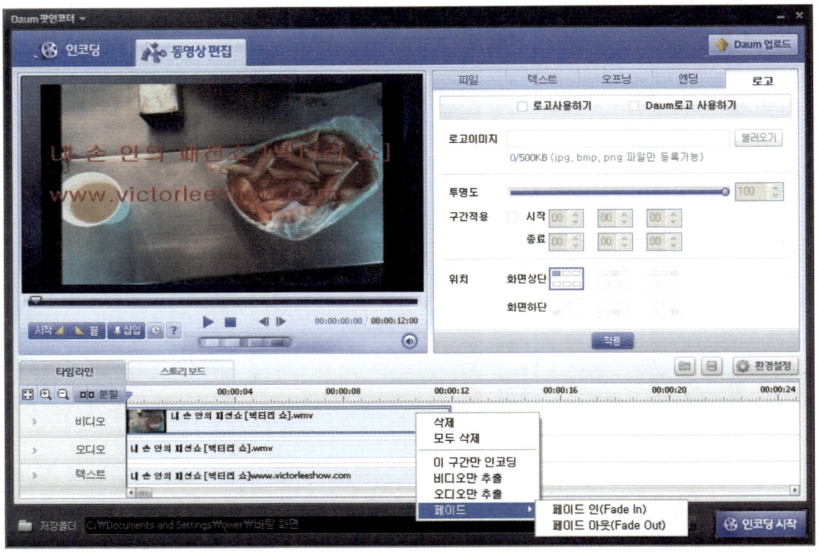

한 가지 추가하자면, 팟인코더의 타임라인에서 [비디오] 영역을 마우스 우측 버튼으로 클릭하면 추가 기능이 표시되는데, 해당 구간만 인코딩하거나 비디오 혹은 오디오만 추출하여 인코딩 파일로 저장할 수도 있다.

그 외에도 해당 영상 구간을 페이드 인, 페이드 아웃으로 처리할 수도 있는데, 이는 점점 사라지는 화면(페이드 아웃), 점점 나타나는 화면(페이드 인)을 뜻한다. 앞뒤 장면 전환 작업에서 부드러운 연결이 가능한 기능이다.

2 음악(오디오) 넣기 – 베가스 사용하기

앞서 설명한 팟인코더는 동영상을 대하는 초보자에게 어울리는 프로그램이었다면 베가스(VEGAS)는 조금 더 고급 사용자들에게 적합한 영상 편집 프로그램이다. 동영상 편집 프로그램은 소니 베가스 외에도 어도비 프리미어, 파이널컷 프로 등 다양하고 종류도 많다. 그러나, 필자가 추천하기에 팟인코더로 시작하고 소비 베가스로 중급 단계에 올라선 이후에 다른 프로그램을 적용해 보기를 추천한다.

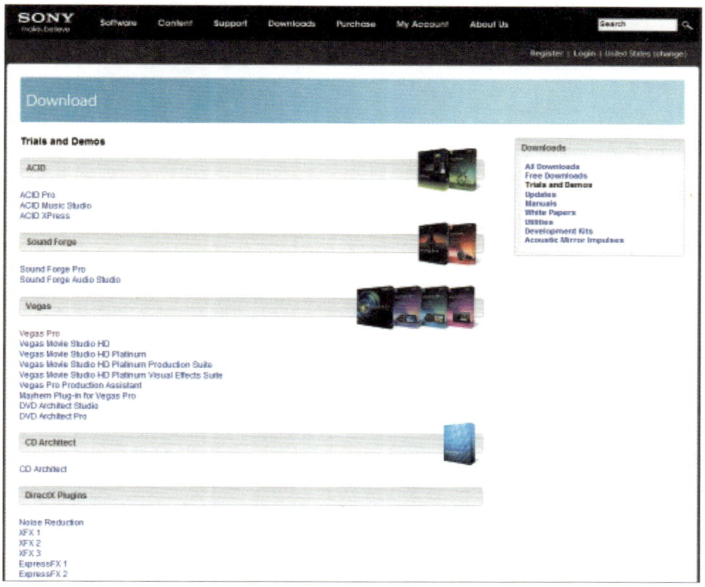

출처 : http://www.sonycreativesoftware.com/download/trials

베가스를 사용하면 화면 전환, 연결 효과에서 보다 많은 효과를 줄 수 있으며 기본으로 제공되는 영상 효과까지 사용할 수 있어서 도움이 된다. 뿐만 아니라, 음악을 영상에 넣는 작업이 가능한데, 이는 영상을 감상할 때 더욱 몰입할 수 있게 해주는 효과가 있다.

베가스를 사용해서 동영상에 음악(오디오)을 넣는 방법을 배우도록 하자. 베가스는 유료로 구입해야 하는 소프트웨어이지만 시험데모판은 무료로 다운받아서 한정 기간 동안 이용 가능하다.

(1) 소니 베가스를 설치해 보자.

❶ 소니 베가스가 설치되면서 압축파일을 푸는 과정이 진행된다. 본 작업은 VEGAS 9.0 시험판(30일 한정 사용)을 컴퓨터에 설치하는 과정으로써, VEGAS 10.0 이상 버전의 경우 윈도우 7 이상의 운영체제가 필요한 경우가 있어서 윈도우XP 운영체제 조건 하에서 설명하기 위함이다.

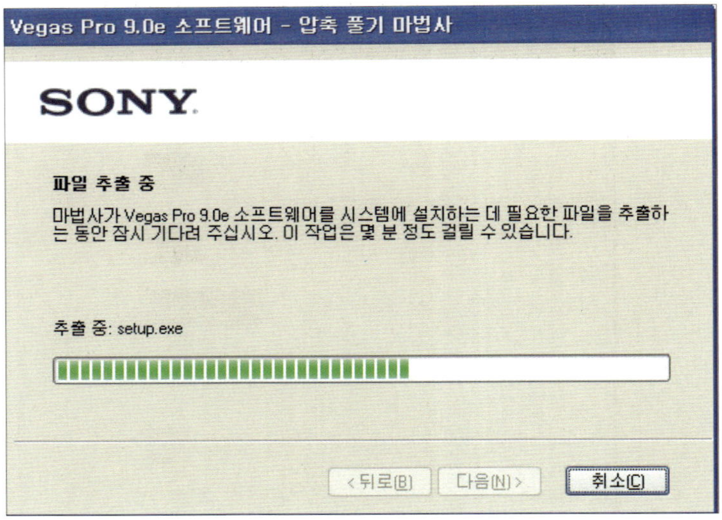

❷ [언어 선택] 과정이 진행된다. '영어'를 선택하고 [확인]을 누른다.

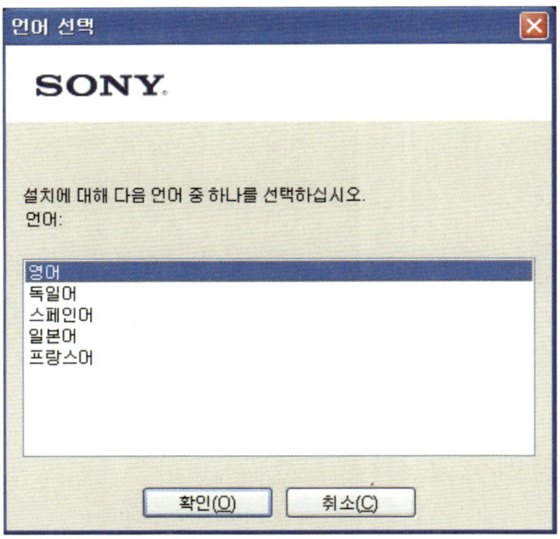

❸ 컴퓨터에 따라서 VEGAS Pro 프로그램을 실행하는데 필요한 다른 프로그램이 필요할 경우, 해당 프로그램을 먼저 설치하고 VEGAS 설치를 계속할 것인지 [확인]하는 과정을 거친다. 관련 프로그램을 모두 다운로드 받으면 인스톨 과정이 시작된다.

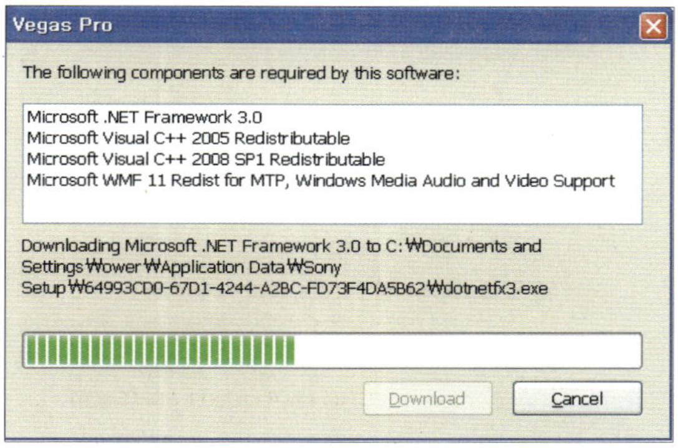

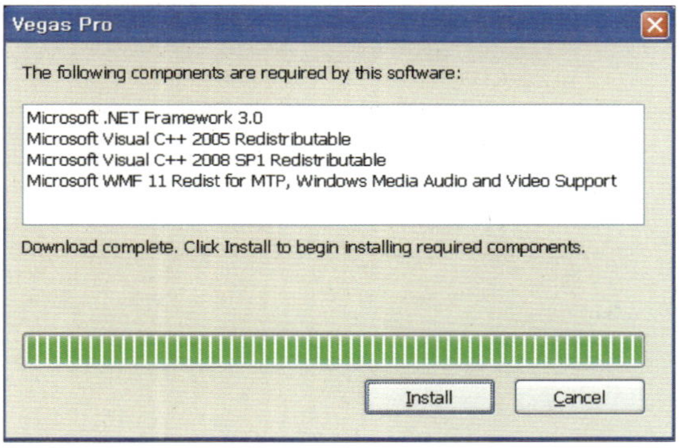

❹ 자, 이제 필요한 연관 프로그램 설치가 끝나고 소니 베가스를 설치하는 과정이 시작되었다. [Next]를 누른다.

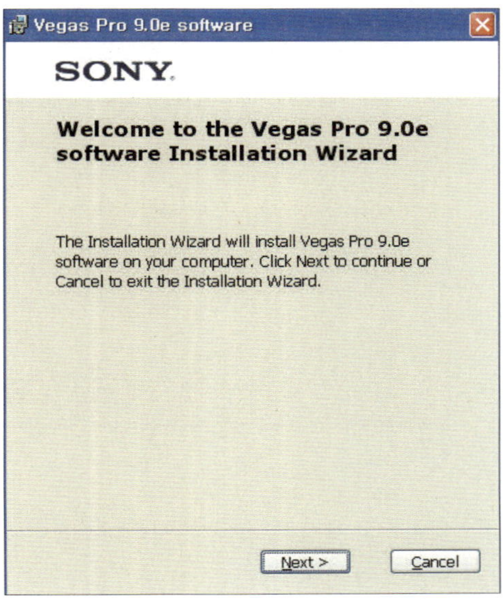

❺ 프로그램 사용 조건에 [동의]를 하는 과정이다. 표기한 위치에 마우스를 클릭하고 [Next]를 누른다.

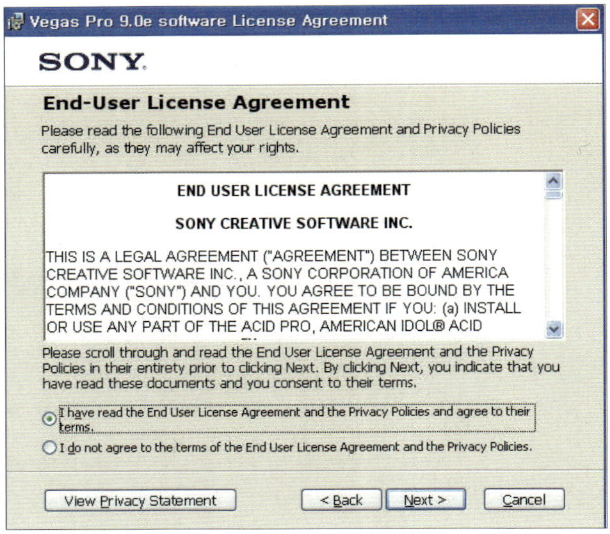

❻ 프로그램 설치 경로를 지정하는 과정이다. [Next]를 누른다.

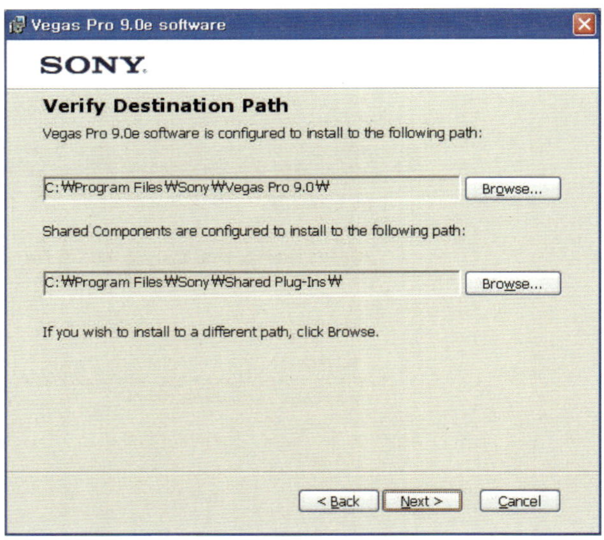

❼ '인스톨(설치)'을 시작한다는 표시이다. [Install]을 누른다. 베가스가 컴퓨터에 설치된다. 모든 설치를 마치면 컴퓨터를 다시 시작해야 한다는 문구가 표시된다. 이때 [YES]를 누르면 컴퓨터가 꺼졌다가 다시 부팅된다.

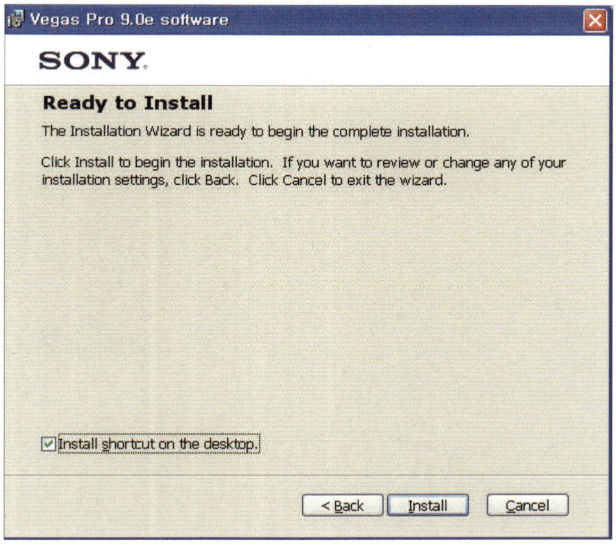

(2) 소니 베가스를 실행해 보자.

❶ 시험판을 사용한다는 위치에 마우스를 클릭하고 [다음]을 누른다. 이름과 이메일, 사용 지역을 입력하면 드디어 설치가 완료된다.

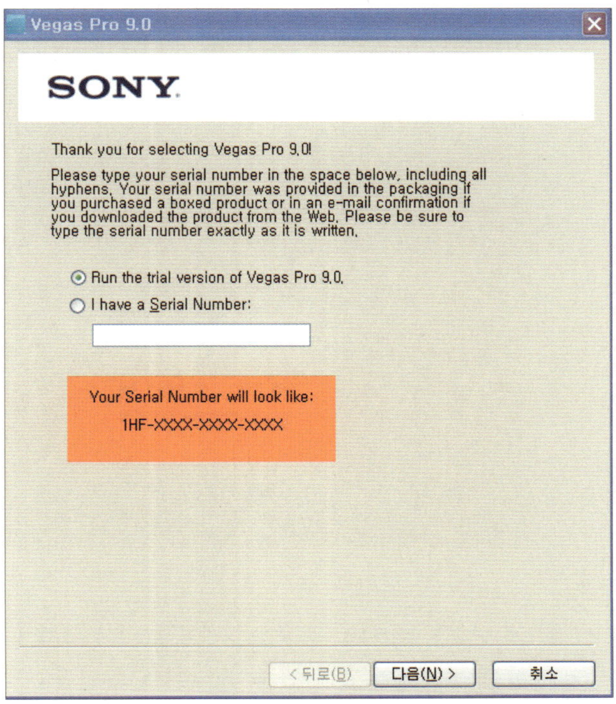

❷ 지금부터 베가스(VEGAS)를 실행해 보자.

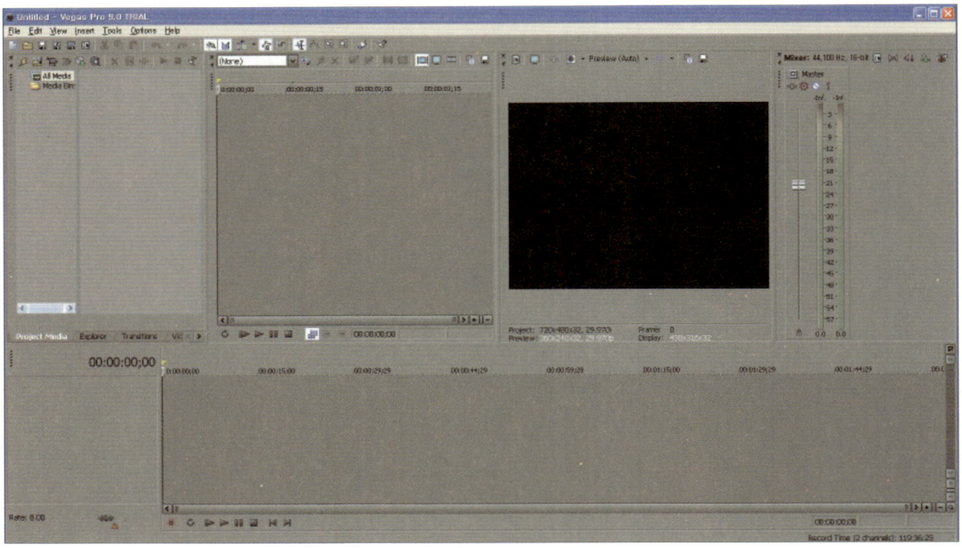

❸ 베가스가 실행되었다. 동영상에 음악(오디오) 파일을 넣는 작업을 실행해 보도록 한다.

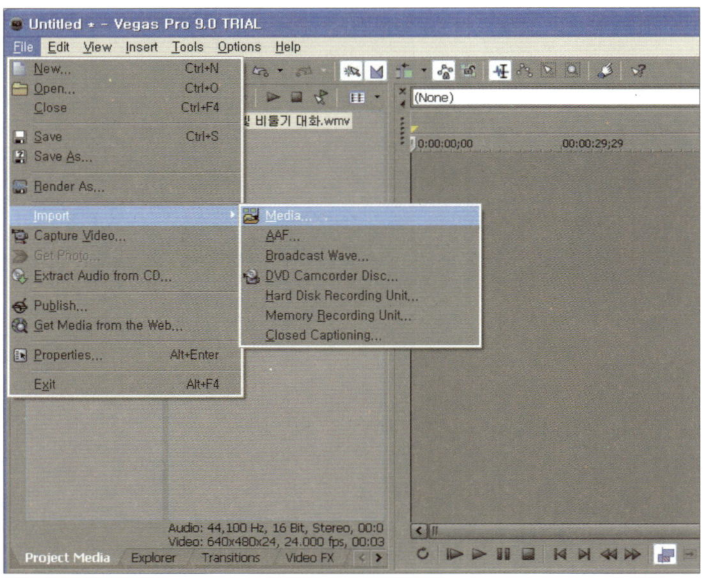

먼저, 동영상을 불러온다. [Import]를 눌러서 음악을 넣을 동영상을 베가스로 업로드한다. 또는, 파일이 있는 폴더에서 파일을 마우스로 누른 후 베가스의 프로젝트 미디어 [Project Media] 창으로 가져와도 된다.

④ 동영상을 가져 왔으면 다시 음악(오디오) 파일을 같은 방식으로 가져온다. 그리고, 타임라인 안에 가져다 둔다.

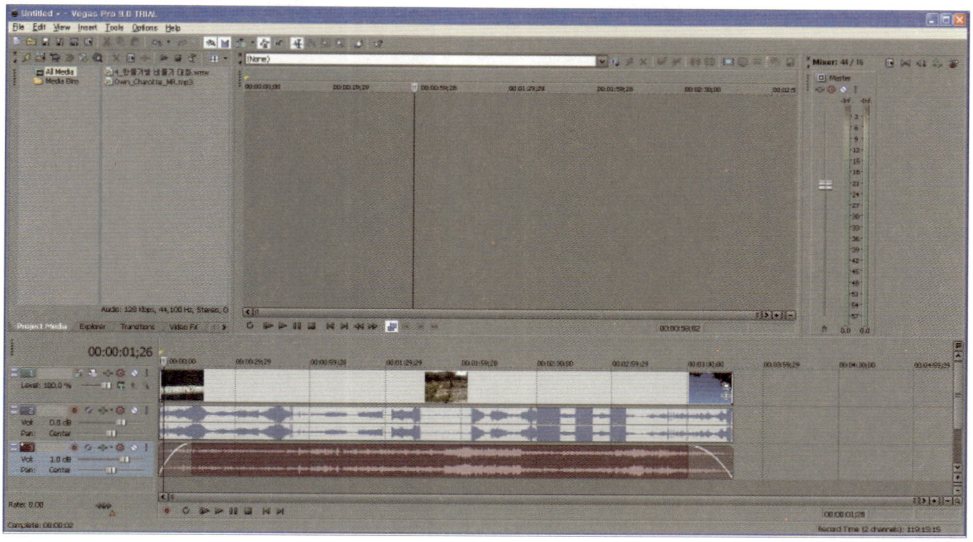

동영상 파일은 타임라인 1번, 2번 라인에 놓였고, 음악 파일은 3번 라인에 두었다. 동영상 파일이 1번, 2번으로 두 개의 타임라인 공간에 온 이유는 비디오(영상)와 오디오(소리) 파일로 나뉘었기 때문이다.

동영상에 오디오를 넣는 방법은 간단하다. 각 파일을 타임라인에 넣은 후 시작과 끝을 조절하고, 동영상 중간 어느 부분에 들어갈 것인지 해당 영역을 분할해서 오디오를 갈라주는 방식으로 맞춘다.

동영상과 오디오 파일 작업을 마쳤으면 베가스의 렌더링 기능을 실행해서 하나의 파일로 만들어 주면 모든 작업이 마무리된다.

⑤ 단, 이때 주의할 점은 베가스에서 작업한 파일은 저장할 때 [Save As]를 누를 경우, 이 파일은 베가스 파일로 저장된다. 다시 말해서, CD나 컴퓨터에서 볼 수 있는 비디오 파일이 아니라 베가스에서 작업하기 위한 베가스 파일 형태로 저장된다는 뜻이다.

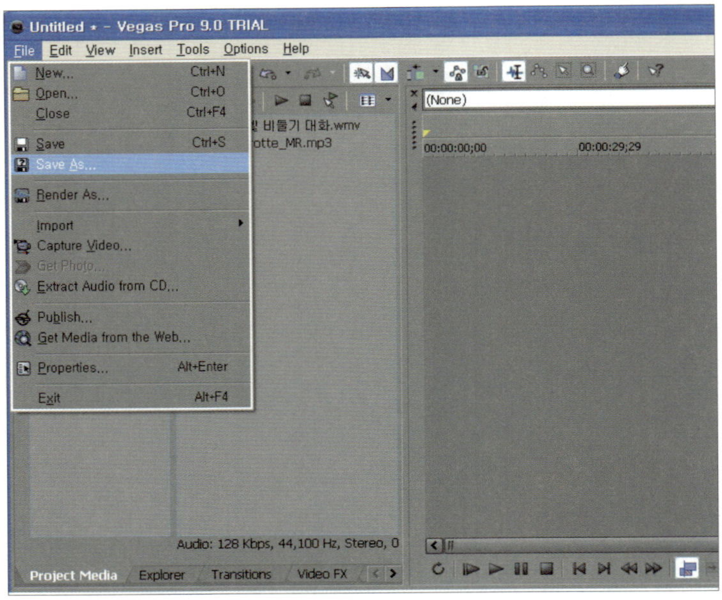

⑥ 베가스에서 작업을 완료하고 PC나 CD, 인터넷에서 스트리밍 가능한 파일로 저장하려면 [Render As] 기능을 실행해야 한다.

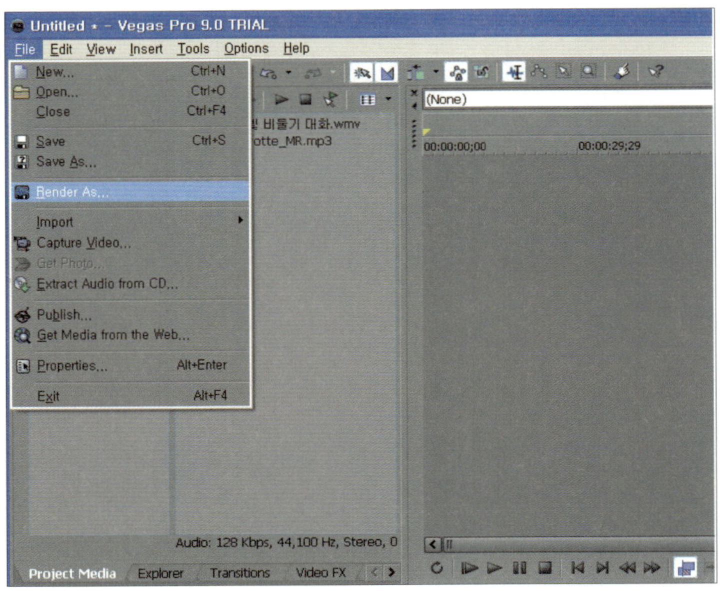

⑦ 렌더링 작업으로 마무리하는 과정인데, 새롭게 생성하는 파일을 저장할 폴더를 지정하고, 파일 형태는 avi 또는 wmv 등 자유롭게 지정한다.

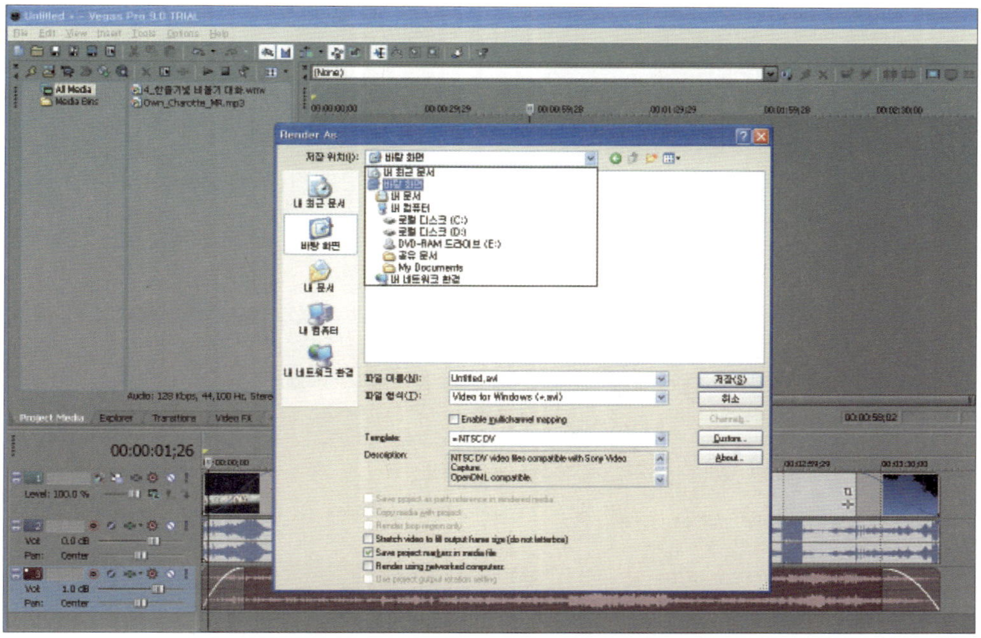

⑧ 렌더링이 시작되면서 작업을 마무리하는 단계로 접어든다.

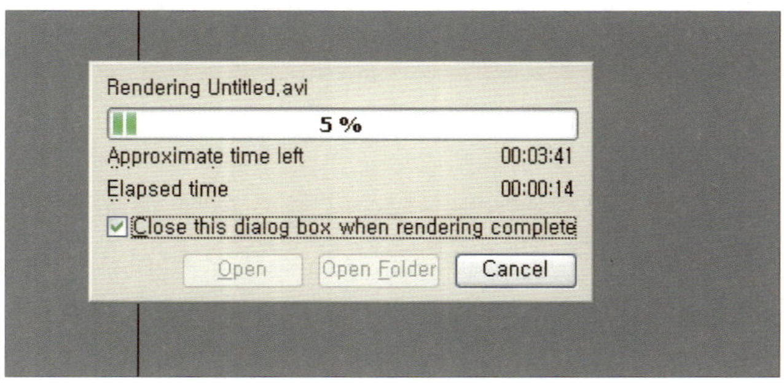

이상으로, 소니 베가스 프로그램을 사용하여 동영상 파일에 음악(오디오)을 삽입하는 방법에 대해 살펴봤다. 동영상 편집이란 많은 수의 프로그램들이 있고, 어느 프로그램을 사용하던 그건 편집자에게 가장 편리하고, 편집자가 원하는 영상 연출이 가능한 기능만 충실히 구현되면 좋은 프로그램이다.

본 내용에서 필자가 베가스를 추천하는 이유는 초보자 수준에서 손쉽게 사용 가능한 프로그램이면서 편집을 원하는 대개의 장면 연출이 가능하다는 점 때문이다. 또한, 최근 일본 캐논社 또는 니콘社의 DSLR을 사용하여 풀HD 동영상을 촬영하는 사람들이 많아지면서 해당 제품과 같은 나라에서 만드는 영상 편집 툴을 추천하는 이유도 된다.

3 화면 전환 효과 – 베가스(VEGAS) 사용하기

본 단락에서는 앞서 사용해 본 베가스를 활용하여 동영상의 각 장면과 장면을 연결하는 효과를 만드는 방법에 대해 알아보도록 한다. 현대 영화에서 보이는 현란한 특수효과나 현실과 구분하기 어려운 장엄한 컴퓨터 그래픽 효과는 어렵더라도 웬만한 영화에서 많이 쓰이는 화면 전환 기법은 충분히 구현 가능하므로 도움이 된다.

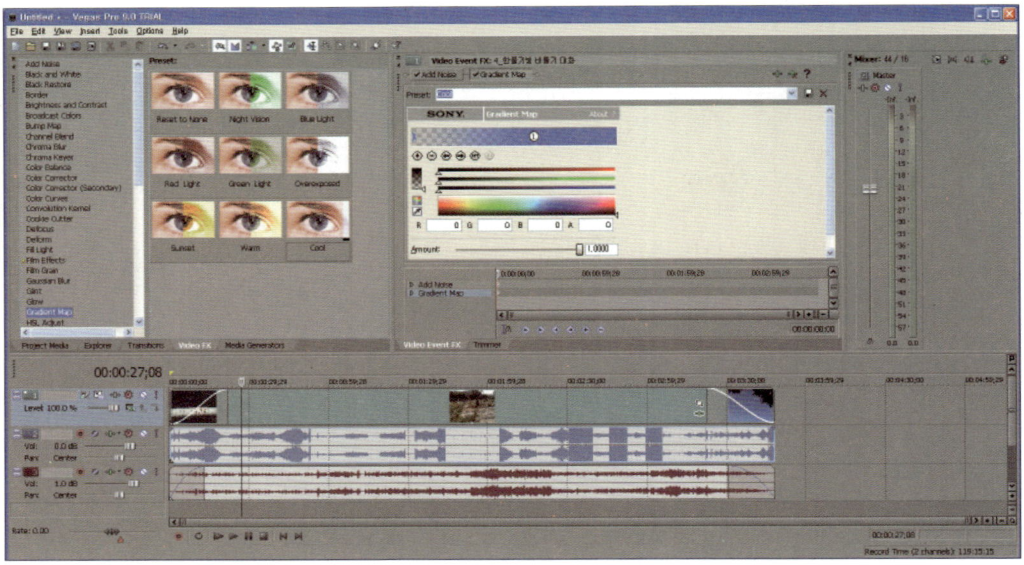

먼저 비디오FX[Video FX] 창을 열어서 화면 전환 기능을 살펴보도록 한다. 수많은 기능 중에서 마음에 드는 기능을 고른 후 마우스로 클릭하고 누른 상태에서 타임라인 비디오 영역에 가져온다.

예를 들어, Gradient Map을 선택하고, 그 기능들 가운데 Cool을 지정했다면 로 표시된 버튼을 각각 클릭해서 효과를 줄 동영상 영역과 색감의 정도를 설정한다. 같은 방식으로 여러 기능들을 사용해보면서 각각의 분위기와 스토리에 맞는 가장 적합한 장면 전환 효과를 적용할 수 있다.

3 동영상으로 수익내기 : 내 동영상을 올레TV에서 유료로 상영하기

포털사이트나 티스토리에 블로그를 운영하는 많은 블로거들은 텍스트 형태의 글을 작성하고 여기에 광고를 게재하여 수익을 얻는 방법만 생각한다. 그래서, 어떻게 하면 글을 잘 쓸 것인지 고민하고 글을 잘 쓰기 위해 어떻게 공부해야 하는지 찾으러 다니는 블로거들도 많다. 그러다가 블로그로 수익 내는 걸 아예 포기하고 단지 취미생활 수준으로만 블로그를 관리하고 만다.

그러나, 블로그로 수익을 내는 방법은 텍스트 형태로 글을 쓰는 것만 해당되진 않는다. 대부분의 블로거들이 모르는 수익 모델이 있는데 그건 바로 iPTV다. 각 가정에 케이블TV가 있다면 스마트TV와 더불어 빠른 속도로 가입자 수가 늘어나는 iPTV가 있는데, KT의 올레TV, SKT의 SK브로드밴드, LGT의 LG U플러스가 이에 해당된다.

출처 : www.olleh.com/

출처 : www.skbtv.co.kr/

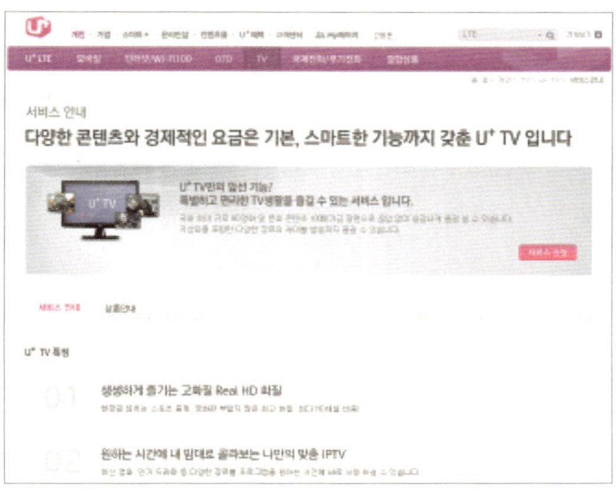

출처 : www.mylgtv.com/

이들 iPTV는 인터넷 프로토콜 텔레비전(Internet Protocol Television)의 줄임말로 인터넷망을 통해 제공되는 양방향성 텔레비전 서비스를 말한다. 일반적인 케이블 방송은 정규 편성 시간대에 의해 시청할 수 있는 채널과 방송 프로그램이 다르나 iPTV는 자신이 원하는 시간대에 원하는 방송을 볼 수 있다.

이와 같은 iPTV는 스마트폰과 태블릿PC에 이어 스마트TV까지 등장하는 시점에서 스마트TV에서도 상영할 수 있는 콘텐츠와 기술이 접목된 방송 장르로 주목받고 있다. 또한, 국내 iPTV 사업자들은 스마트TV 시대를 대비하면서 다량의 방송용 영화 및 콘텐츠들을 확보하고 있는데 올레TV에서는 오픈 VOD 서비스를 통해 소규모 영상 제작자에게도 문호를 열어둔 것이다.

가입자 수를 보더라도 2012년 500만 가입자를 넘어설 것으로 예상되는 등, 방송콘텐츠 시장에서 그 세력을 확산하고 있는데 이런 iPTV 시장에 내가 만든 영상을 유료로 상영할 수 있다는 점은 아직 미개척지인 동시에 틈새 시장을 선점할 수 있는 기회이기도 하다.

정리하자면, 그동안 텍스트 위주의 블로그 운영이 주류로 평가받으면서 사진이나 동영상에 재능이 있는 다수의 블로거들이 적극적인 블로그 활동에 뛰어들지 않았던 시대가 지나고 스마트 기기의 발전에 힘입은 동영상 블로거 시대가 열리는 것이다.

필자는 지난 2011년 5월에 iPTV 분야에 진입을 시도하면서 스마트폰 또는 DSLR 등의 카메라 장비를 활용하여 다양한 동영상을 촬영하고 블로그와 개인 인터넷 영화관을 운영하던 경험을 살려 영화를 제작, 올레TV에 상영을 하였는데 그 결실을 얻는 현실을 체험하였다. 그리고, 더 이상 머뭇거리지 말아야 할 시기라고 판단되어 블로그를 운영하려는 여러분들에게 동영상 블로그, 즉 블로거가 만드는 뛰어난 영상물들을 iPTV 분야로 안내하고자 한다.

본 단락에서는 올레TV에서 내가 만든 영상 작품을 상영하는 방법에 대한 것으로써 차후 스마트TV 및 타사 iPTV로까지 문호가 확대되는 순간 많은 활용을 기대한다. 동시에, 텍스트 위주 블로그에서 동영상 블로그 시대로 진입하면서 많은 블로거들이 수익을 얻게 되기를 기대한다.

자, 그럼 올레TV에 대해 살펴보자.

올레TV란 무엇인가? 올레TV는 KT에서 서비스하는 iPTV 방송이다. 약 8만 5천 여 개의 VOD 콘텐츠를 제공하고 있으며 2009년 1월 9일부터 전국적인 실시간 반송을 개시했다.

올레TV에 영상 콘텐츠를 판매하는 방법에 대해 알아보자.

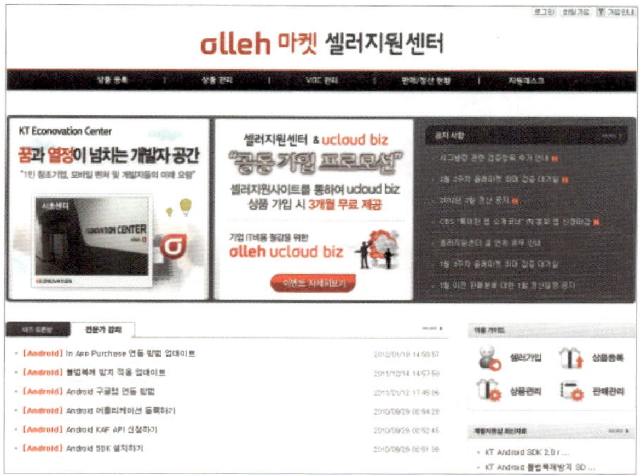

출처 : seller.ollehmarket.com

1 회원가입

olleh 마켓 셀러지원센터에 가입하는 단계이다. 올레TV에 자신이 만든 영화를 올려서 유료로 상영하고자 할 경우 KT파트너 회원가입을 통해 SHOW ID 발급을 받고 로그인 후에 셀러 유형을 선택한다.

사업자등록증이 없는 경우 [개인 개발자], 개인사업자 등록증을 소유한 개인은 [개인사업자], 법인 사업자등록증을 소유한 기업일 경우엔 [법인사업자] 회원으로 등록한다.

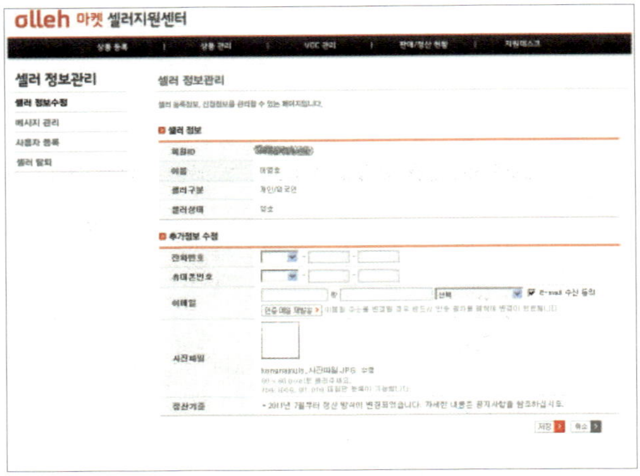

셀러 정보를 입력하는 과정이다. 회원ID를 설정하고 셀러 정보를 입력한다. 이메일 주소를 입력하고 셀러를 표시하는 사진파일을 등록한다. 사진파일은 가로 세로 60×60 pixel이며, jpg, jpeg, gif, png 형태만 가능하다.

2 영화등록

olleh 마켓 셀러지원센터에서 내가 만든 영화를 등록해 보자. 극장 상영작을 등록할 수 있으며, 일반 개인이 만든 영화는 Open VOD 메뉴를 통해 등록할 수 있다. 본 단락에서는 개인이 제작하는 Open VOD에 영화를 등록하는 과정을 소개한다.

(1) 시리즈 작품 등록

먼저 시리즈 영화를 등록하는 과정이다. 시리즈 VOD 제목을 입력하고, 감독, 출연진을 비롯하여 기획사, 제작사, 배급사를 입력한다. 개인일 경우에는 모두 개인이라고 적으면 된다. 제작연도까지 입력한 후에는 카테고리를 선택한다.

TV 다시보기, 음악, 스포츠, 다큐멘터리, 생활/교양, 국내영화, 해외영화, 시리즈, 애니메이션, 키즈 등의 목록에서 등록하고자 하는 영화의 해당 항목을 선택한다. [국내영화]일 경우에는 다음 항목 선택에서 가족영화인지 공포, 스릴러인지, 로맨스인지 세부 장르를 선택한다.

다음 단계는 이용연령등급을 설정하는 과정이다. 영상물등급위원회의 등급설정을 받고 극장에서 상영한 작품이 아닐 경우에는 제작사 측에서 해당 연령대를 지정한다.

시리즈 영화로써 대표 이미지를 업로드한다. 영화 포스터에 해당한다. 크기는 168×240 크기의 jpg, jpeg 형태의 이미지 파일만 가능하다. 마무리 과정에서 시리즈에 대한 설명을 입력하고 [저장]을 누른다.

(2) 단막극 작품 등록

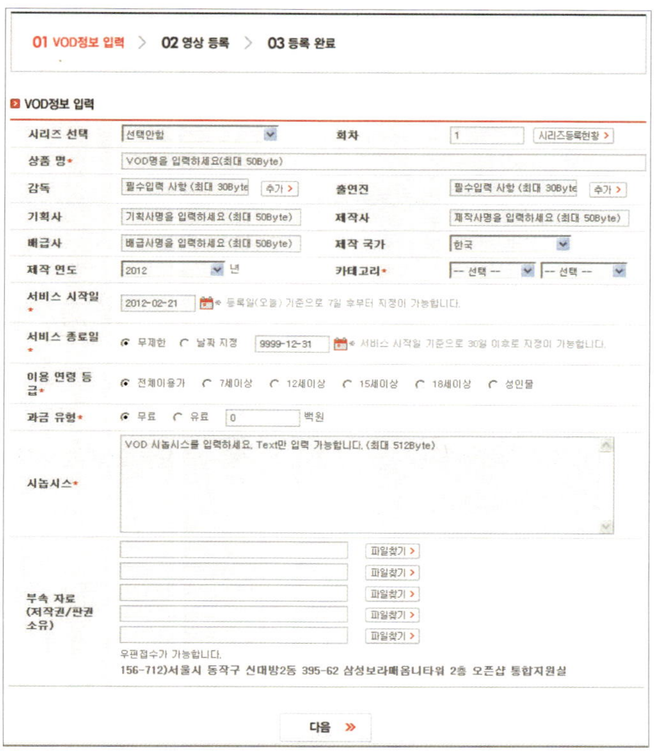

시리즈가 아닌 단막극을 등록하는 과정이다. 시리즈 작품 등록과 상당 부분 유사한데, 단막극일 경우 '서비스 시작일'과 '서비스 종료일'을 입력하는 공간이 있다. 서비스 시작일은 작품 등록일 기준으로 7일 이후부터 지정 가능하고, 서비스 종료일은 작품 등록 후 상영 시작일로부터 30일 이후로 지정 가능하다.

또한, 단막극일 경우에는 [무료] 또는 [유료]로 할 것인지 선택하고 [유료]로 상영할 경우에는 금액을 얼마로 할 것인지 지정하여 입력한다. 단막극에 대한 시놉시스를 입력하고 나서 해당 작품에 대한 부속자료를 첨부해야 한다.

첨부자료로는 저작권 및 판권에 대한 서류증빙으로써, 배우계약서, 촬영, 편집 등에 대한 계약서가 해당된다. 본 서류들은 우편접수가 가능하다.

우편접수 : 156-712 서울시 동작구 신대방2동 395-62 삼성보라매옴니타워 2층
오픈샵 통합지원실

작품을 등록한 후에는 [다음]을 눌러서 [영상 등록] 과정으로 이어간다.

[영상 등록]에서는 온라인 등록과 오프라인 등록 방법으로 나뉜다. 오프라인으로 등록하려는 경우 접수처로 영상을 보내면 된다.

접수처 : 156-712) 서울 동작구 신대방2동 395-62 삼성보라매옴니타워 3층 DCC
전 화 : 02-3289-2381

온라인 등록의 경우, [영상 등록]을 눌러서 진행한다. 영상 등록을 마치면 작품의 대표 이미지를 등록해야 하는데, 영상 중에서 고를 수도 있고 따로 포스터 이미지로 만들어서 업로드하는 방법도 있다. 이미지는 168×240pixel 크기로 jpg, jpeg 형태의 100kbyte 이내여야 한다.

영상 등록 및 이미지 등록이 완료되면 [저장]을 누른다.

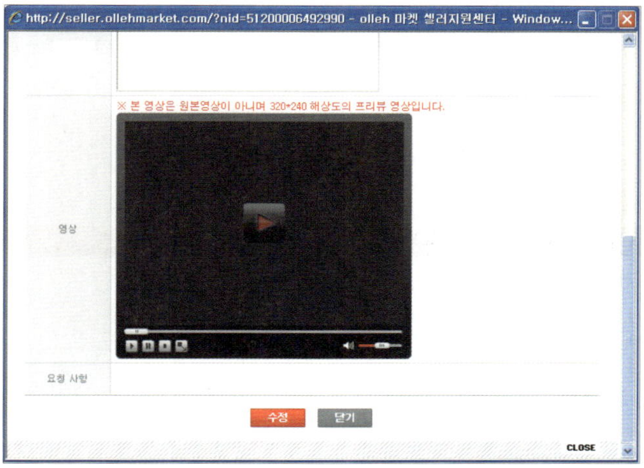

이후 olleh 마켓 셀러지원센터에 영화 작품 검수 요청을 하기 전에 [미리보기]를 통해 수정 과정 진행이 가능하다. 각 항목을 재확인하고 영상은 미리보기를 통해 확인해 본다.

이때 온라인에서 업로드 되는 영상은 원본 영상이 아니며 320 × 240 해상도의 미리보기 영상이다. 고쳐야 할 부분이 있다면 [수정]을 누르고, 이상 없으면 [닫기]를 누르고 [저장]을 누른다.

3 판매정산

등록한 상품은 셀러지원센터에서 추후에라도 [상품 현황] 페이지에서 확인 가능하다. 또한, 영화가 유료 상영된 판매정산 현황이 궁금할 경우에는 [판매정산 현황] 페이지에서 확인 가능하다.

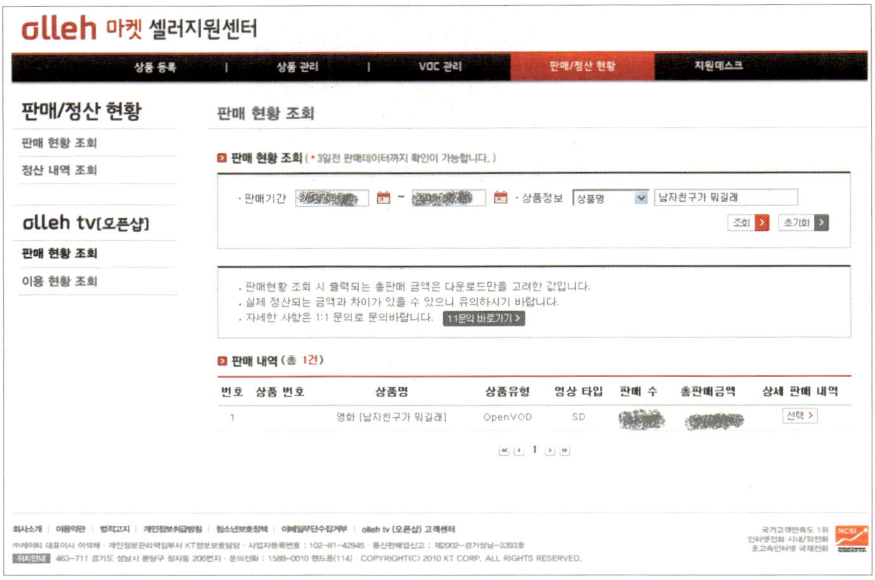

판매 현황을 조회하기 위해 판매기간을 입력하고 상품 정보란에는 영상을 등록할 때 지정한 제목을 입력한다. 판매 데이터는 3일 전 판매분까지 확인 가능하다. 판매 내역이 페이지에 표시되었다.

이와 같은 방법으로 내가 만든 영화를 유료로 상영하여 수익을 얻을 수 있다. 동영상으로 수익을 내는 방법은 유튜브에 업로드하여 광고를 배치하고 동영상 플레이 횟수에 따른 광고수수료를 받는 방법도 있다. 실제 이 방법으로도 유튜브 사용자 중에서 연간 수억 원대의 광고수수료 수익을 올리는 사람도 있다.

그러나, 유튜브의 경우 내가 올린 광고를 유튜브에서 동영상 검색 페이지에 노출시켜 주지 않는 한 많은 플레이 횟수를 얻기가 쉽지 않다. 그러므로, 스마트폰 및 풀HD 영상을 제작하여 영화로 만들고 올레TV에서 유료로 상영하게 된다면 오히려 유튜브 등 다른 동영상 수익 모델에서 활용하는 것보다 기대 이상의 수익을 올릴 수도 있을 것이다.

4 블로그에서 전자책 만들기

블로그에 올리는 텍스트 콘텐츠로 작가가 되어 보자. 자기만의 전문 분야를 다룬 내용으로 실용서를 비롯하여 소설작가로 활동도 가능하다. 블로거가 작가가 되어 활동하는 이점은 많다. 일단, 전문성을 살린 블로그를 운영하다 보면 관련 분야 사람들이 내 블로그에 오게 되는데, 이때 해당 분야에서 인지도를 쌓게 된다. 이런 인지도를 바탕으로 서적 출간을 하게 되는 순간이 온다.

본 단락에서는 블로그에 올리는 텍스트나 이미지를 사용하여 책을 만드는 방법, 전자책을 만들고 발행하는 방법에 대해 소개한다.

출판시장이 종이책 위주에서 점진적으로 전자책 시장으로 변모해 나아가는 상황이다. 블로거들의 전문 분야 지식과 그것을 모은 블로거가 앞으로 전자책 시장의 큰 대안이 될 수 있다. 게다가 각국 정부 주관으로 학교에서도 종이책 교과서 대신에 전자책이 교과서로 등장하고 있다. 이를 통해서 보듯, 앞으로 전자책 시장의 확산은 블로그부터 만들어서 정보를 모으고 내용 구성을 한 뒤에 출판사로 블로그 주소를 알려주며 출판 제안을 하게 될 시대가 될 것이란 예측이 가능하다.

또한, 전자책 시장으로의 진출은 블로거로서도 작가라는 명함이 하나 더 생기며 전자책 시장에서 생기는 출판 매출을 통해 수익을 기대할 수 있다는 장점도 있다는 사실이다. 전자책에서 인기를 얻는 콘텐츠의 경우 종이책으로 만들어져서 일반 서점에 진출하는 기회도 얻을 수 있다. 전자책 시장의 확대와 참여하는 출판사와 작가들의 확산은 이제 더 이상 거부할 수 없는 시대의 트렌드이기도 하다.

1 블로거는 작가다?

인기 블로거는 출판사로부터 원고 집필 제안을 받는다. 출판기획 담당자들은 온라인 세상을 다니며 기획안을 찾게 되는데 인기 블로거의 글들은 네이버나 daum 곳곳에 노출되어 있는 경우가 많아서 출판기획자의 눈에 쉽게 띈다. 이때 블로거의 글과 기획자의 의도가 맞아떨어지는 일이 생긴다는 뜻이다.

그럼, 인기 없는 블로거, 이제 갓 시작한 초보 블로거인 경우에도 책을 낼 기회가 생길까?

(1) 블로그 방문자를 기다리지 마세요!

사실 엄밀히 따지자면 각 포털 사이트에서 선정하는 '인기 블로거'는 의미가 없다.

블로거는 블로거로서 자체가 있기에 인기가 있고 없고는 중요하지 않다는 뜻이다. 그럼, 왜 인기 여부를 따지거나 내용을 고려해서 인기 블로거(우수 블로거, 파워 블로거를 통칭하기 위해 필자가 사용하는 단어)를 선정하는 것일까?

그건 블로그 서비스 활성화에 목적이 있다. 생각해 보자. 어떤 블로그를 운영하면서 매번 변함없는 똑같은 상황이 반복된다면, 가령, 내가 블로그를 만들거나 말거나, 로그인 하거나 말거나 다른 사람들도 관심 없고 나 혼자만의 비밀글 쓰는 것으로 만족해야 한다면, 사람들은 금방 지치고 관심을 갖지 않게 된다. 바쁜 생활에서 점차적으로 블로그를 찾는 횟수도 줄어들고 찾을 일이 생겨도 본능적으로 귀찮음이 생기면서 거부감마저 생긴다.

일기를 생각해 보자. 어느 누구도 내 일기에 관심이 없다면 일기를 쓰는 사람은 거의 없다. 최소한 선생님이 숙제를 내주고 검사를 한다고 해야 일기장을 펼쳐 책상 위에 놓고 고민하게 된다. 첫 줄을 쓰고 둘째 줄을 어떻게 써야하나 하염없이 기다리는 것처럼 맹목적으로 지루한 시간이 이어진다.

블로그 서비스 활성화 전략도 이와 같다. 사람들이 끊임없이 블로그를 만들고 참여하는 사람들 수를 늘리려면 뭔가 보상책이 있어야 한다. 관심을 가져줘야 하고 지켜봐야 하며, 블로거들이 누군가 자신의 행동에 관심을 보이고 있다는 느낌을 갖도록 해야 한다. 그래서, 블로그 서비스에서는 블로거들에게 상을 주고, 포상을 한다. 인기 블로거들이 해마다 선정되는 이유이다.

정리해 보면, 초보 블로거나 인기 블로거나 차이는 없으며, 인기 여부에 따라서 블로그 내용이 좋고 나쁘다는 판단 기준이 되는 것은 더더욱 아니다.

블로거에 따라서 블로그는 일기장, 전문 분야 보고서, 근사한 소설책, 보고 배우는 실용서가 될 수도 있다. 초보 블로거부터 정성을 들여 자신의 블로그를 꾸려나가다 보면 어느새 자신이 원하던 목표 지점보다 더 높이 올라온 자신을 발견할 수 있을 것이다.

(2) 블로그에서 만든 전자책, 어디에서 볼까?

전자책 유통시장은 애플社의 아이북스(http://itunes.apple.com/app/ibooks), 조선일보의 텍스토어(www.textore.com), 교보문고의 e북스토어(digital.kyobobook.

co.kr/digital/ebook)를 비롯하여 스마트폰과 모바일 기기에서 사용하는 북씨(www.bucci.co.kr) 그리고 유페이퍼(www.upaper.net) 등이 형성되어 있다.

이를 비롯하여 앞으로는 더욱 많은 전자책 시장이 형성될 것으로 보이는데, 미국의 온라인 서점 아마존(www.amazon.com)의 경우 자체 전자책 뷰어 '킨들' 제품까지 출시하면서 전자책 시장의 확산을 선도하고 있는 상황이고 보면, 앞으로 전자책 시장은 국내외를 비롯하여 출판시장이 종이책과 전자책으로 구분되어 발전시키는 구조를 갖게 될 것으로 보인다.

각 전자책 서점은 ePUB 형태의 전자책이나 PDF 형태의 전자책을 바탕으로 시장을 형성하는데, 두 가지 형태의 책 외에도 대기업에서 속속 참여하여 다양한 전자책 시장이 출현하는 중이다.

KT에서는 전자책 제작도구인 '올레펍에디터(http://pub.olleh.com)'를 출시하여 전자책을 만든 후 바로 애플리케이션으로 모바일에 올려서 다른 이들과 공유하도록 서비스하고 있으며, SK그룹 계열 SK플래닛에서는 개인 작가가 스마트 기기에서 전자책을 제작하고 판매와 정산까지 할 수 있는 '트레이드 올북스(www.tradeallbooks.co.kr)'라는 전용 웹사이트를 공개했다.

SK플래닛의 특징은 소프트웨어 형태로 제작한 것이 아니라 웹사이트에서 구현해서 언제 어디에서든 웹에 접속해서 집필할 수 있는 환경을 조성했다는 점이다. 특히, 국내 출판사들과 제휴하여 표지 디자인과 교정·교열 서비스도 제공했다는 점도 눈여겨 볼만하다. 사실 그동안 전자책에서 1인 출판을 하려는 작가들의 경우, 내용 면에서는 참신한 기획이었을지라도 오탈자와 비문(非文)에 의한 의도적이지 않은 지적을 받는 경우가 종종 있기 때문이다.

전자책 시장의 규모는 얼마나 될까? 대기업들도 앞을 다퉈 전자책 제작도구를 만들어 내놓고 전자책 시장 성장에 적극 참여하는 이유는 무엇일까?

이전에도 디지털 프로그램을 활용해서 1인 출판이 가능했던 것도 사실이다. 그러나, 시장이 형성되어 있지 않았던 터라 유통이나 판매에는 한계가 있었고 나중엔 의욕적으로 시장 참여를 시작했던 기업들로서도 사업을 축소하게 되는 일이 벌어졌다.

그런데, 2010년이 지나면서 전자책 시장의 분위기는 달라졌다. 애플社가 2011년 출시한 전자책 제작도구 아이북스 어서(iBooks Author)는 서비스 출시 초기에는 60만 건을 넘는 내려받기가 이뤄지기도 했다. 게다가, 아마존 전자책 제작서비스인 '킨들 다이렉트 퍼블리싱(Kindle Direct Publishing)'을 활용해서 만든 전자책은 아마존 전체 베스트셀러 10위 안에 두 권이나 진입되면서 화제를 모으기도 했다. 전자책이 처음 출범했을 때의 상황과 비교하면 괄목할 성장인 동시에 그 성장세가 꺾이지 않을 것이란 인식도 팽배하다.

인터넷에서는 각종 전자책 출판도구를 검색하는 사람들이 늘어나고 자신의 스마트폰을 활용하여 전자책을 만들었다는 후기도 속속 등장하고 있다. 이와 같이 전자책의 성장 속도와 사회적 관심도가 커지는 것과 관련, 한국전자출판협회에서는 앞으로 전자책 시장 규모는 2013년까지 연평균 40%가 넘는 초고속 성장을 이어가며 5800억 원대에 이르는 시장 규모를 형성할 것이라고 내다봤다.

자, 그럼 지금부터 전자책 제작 방법에 대해 알아보도록 하자. 가장 많이 사용되는 ePub와 PDF 형태의 전자책을 만들어 보자.

Tip ePub란?

Electronic Publication(전자출판)의 약자를 뜻한다. 2007년 9월을 기점으로 이전에 있던 eBook 표준을 대체하기 위해 국제 디지털 출판포럼(IDPF)에서 제정한 개방형 전자책 표준이다. ePub의 특징은 자동 공간 조정 기능이 있어서 전자책을 보이는 기계의 형식에 맞춰 자동적으로 최적화된다는 점이다.

2 누워서 떡 먹는 ePub 전자책 만들기

전자책을 만드는 프로그램을 컴퓨터에 설치하고 나만의 전자책을 만들어 보자. 내가 만든 전자책은 전자책 서점에서 판매를 해도 좋고, 아이폰이나 아이패드 등, 스마트 기기에 넣어 보관할 수도 있다.

1인 출판시대에 전자책 교과서까지, 블로그를 운영하면서 책을 쓰고 이를 토대로 전자책으로 완성하도록 하자.

(1) koTxt2Epub 사용법

먼저 네이버나 daum, 구글에서 koTxt2Epub을 검색하고 다운로드 받는다. 전자책 소프트웨어 kotxt2epub를 설치하고 이용하는 방법에 대해 살펴보자.

1) 설치하기

다운로드 받은 koTxt2Epub 압축파일을 원하는 폴더에 푼 후 폴더를 열어보자.

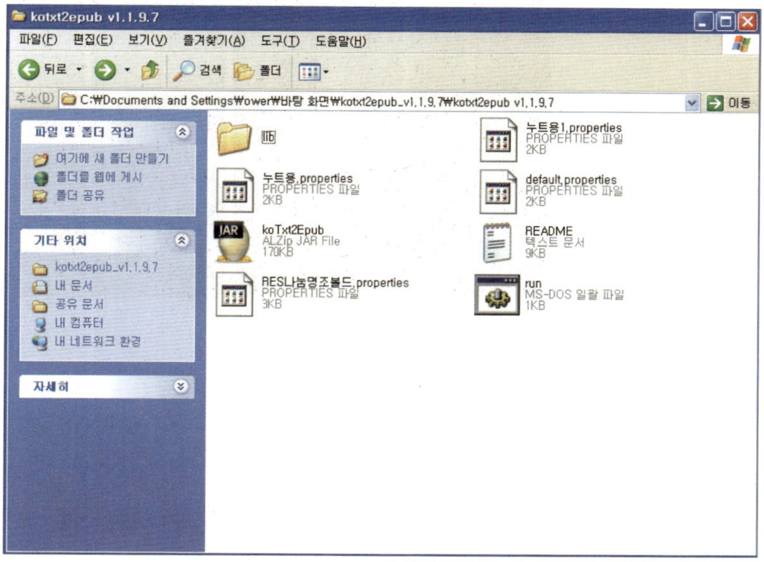

폴더를 연 후에 run 이름의 파일을 두 번 클릭해서 실행시킨다. 이때, 파일이 제대로 작동하지 않는 경우가 있는데, 그 이유는 프로그램 실행에 필요한 자바(java) 프로그램이 없기 때문이다. 필요한 java 프로그램을 다운로드 받도록 한다.

JRE 6 프로그램이 필요하며, 이는 http://www.java.com/ko/download/index.jsp에서 내려받을 수 있다. 프로그램을 다운로드해서 컴퓨터에 설치한다.

JRE 6 파일 설치가 다 끝난 후에 다시 run 아이콘을 클릭해서 실행해 보자.

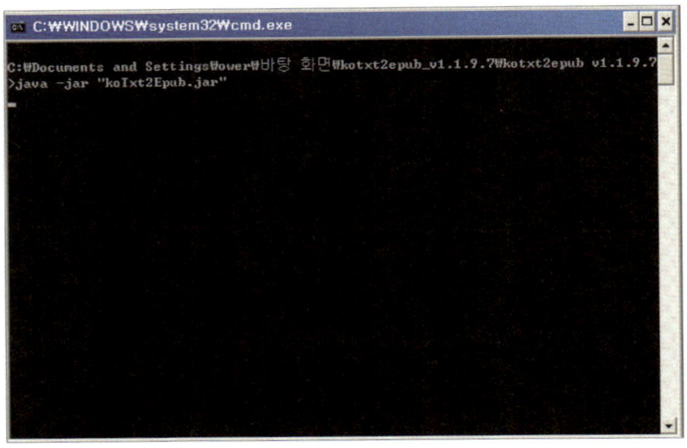

프로그램이 열리면서 DOS 창이 열린다. 그리고, 이어서 프로그램 실행 창이 추가로 나타난다.

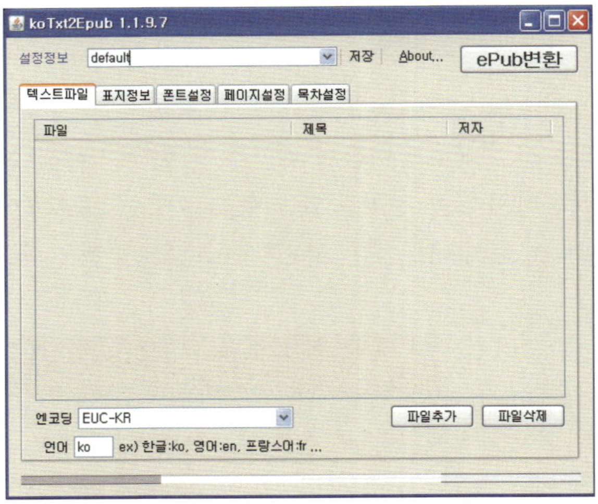

koTxt2Epub 파일이 실행되었다.

이 프로그램은 텍스트(text) 기반의 콘텐츠를 활용해서 아이폰, 아이패드에서 볼 수 있는 ePub 형태의 전자책으로 만들어주는 프로그램이다. 따라서, 내가 집필한 작품이 text 파일로 있어야 한다.

다른 형태의 파일이라면 각종 워드프로세서로 집필한 경우 컴퓨터에서 text 형태로 변환해 주도록 한다. 해당 워드프로세서에서 [다른 이름으로 저장하기]를 실행하고 파일 형태를 text 형태로 저장해 주면 된다.

2) 파일 불러오기

프로그램을 실행시킨 후 책으로 만들 텍스트 파일을 선택하여 불러온다.

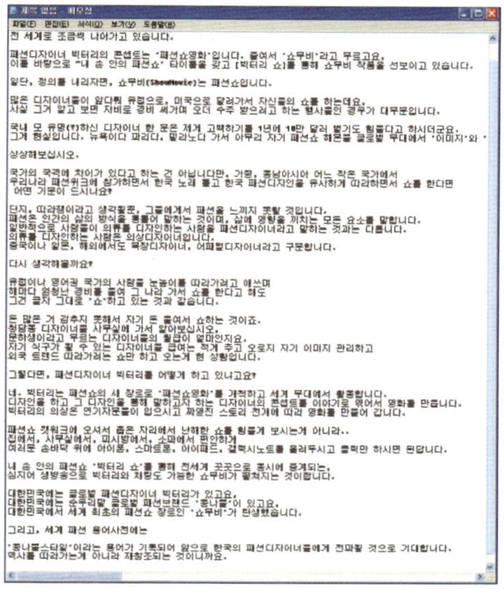

전자책으로 만들 텍스트 문서를 준비하자. 파일 이름은 영어로 작성하고, 준비가 되면 [파일추가]를 누른다.

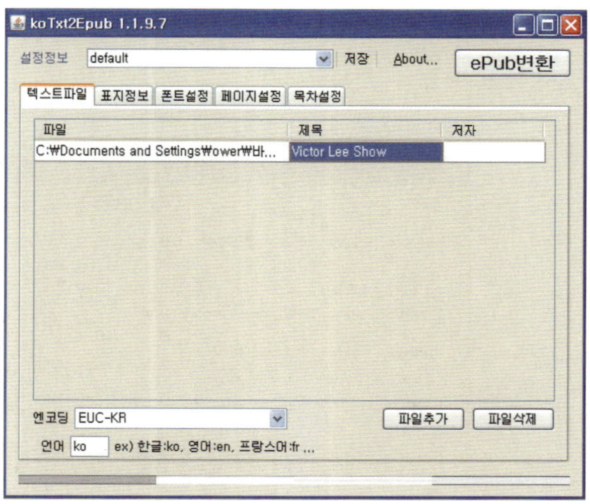

파일이 표시되었다. 이때 저자 정보나 제목을 바꿔줄 수 있는데, 해당 영역을 마우스로 한 번 클릭하면 파란색으로 표시되고, 다시 두 번 클릭하면 텍스트를 입력

할 수 있다.

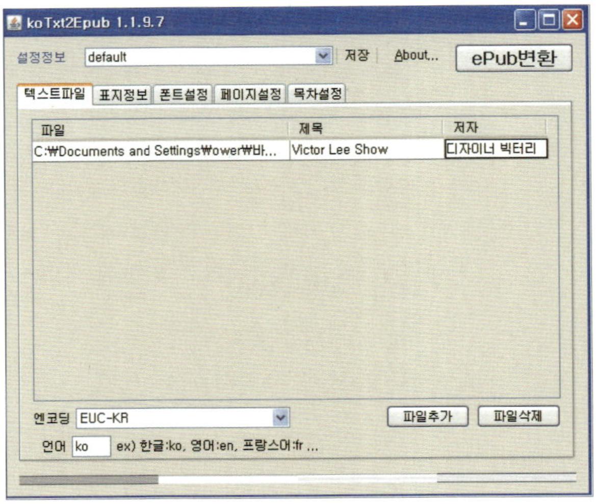

[저자] 영역을 마우스로 두 번 클릭하고 이름을 넣었다. 다시 빠져나올 때는 마우스로 다른 영역을 클릭해 주면 된다.

3) 본문 편집하기

전자책을 만드는 과정에서 이미 만들어 둔 집필 내용을 변경하는 것은 불가능하다. 여기서 말하는 본문 편집은 전자책의 폰트를 설정하고, 페이지를 나누거나 목차를 설정하는 기능을 말한다.

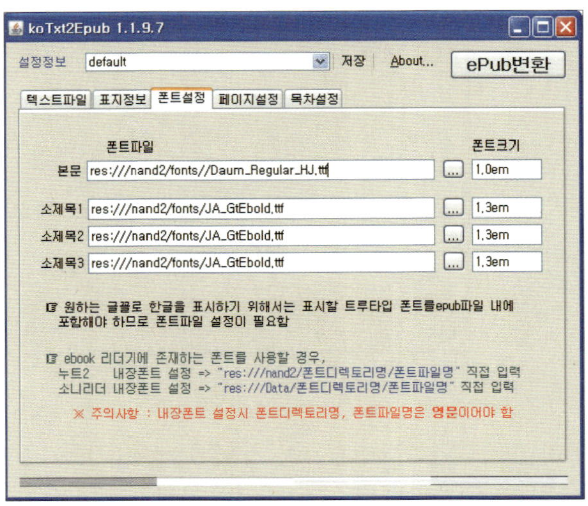

▶ [폰트 설정]

폰트 설정 기능으로 본문과 소제목의 글자 형태를 바꿔보자. 폰트 크기와 폰트 파일을 선택할 수 있다. 원하는 글꼴을 사용해서 나타내려면 트루타입 글꼴을 ePub 파일 내에 넣어줘야 하므로 폰트 파일 설정을 해야 한다.

이 말은 전자책을 만들면서 내가 원하는 글꼴을 사용해서 책을 꾸미고자 할 경우 해당 글꼴을 ePub 안에 넣어줘야 하며, 그 방법은 내장 폰트 설정에서 res:///nand2/ 다음에 '폰트 디렉토리명'과 이어서 '폰트 파일명'을 넣어주라는 뜻이다.

글꼴이 있을 경우에 [...]을 눌러서 해당 글꼴을 불러오기 하면 폰트 파일로 적용할 수 있다. 단, 전자책을 만들 때 글꼴에 큰 상관이 없다면 기본 설정된 글꼴 타입으로 만들어도 좋다.

▶ [페이지 설정]

전자책의 페이지를 설정하는 과정이다.

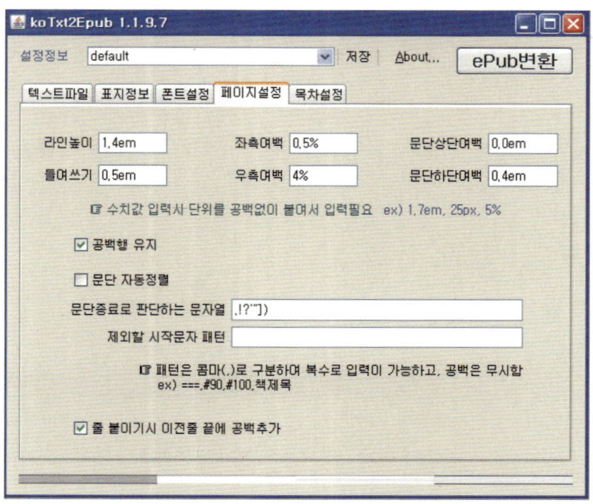

라인 높이, 좌우측 여백, 문단 상하 여백을 설정한다. 수치를 입력할 경우에는 숫자와 단위 표시 사이를 공백 없이 입력해야 하며, '공백행 유지'란 줄과 줄 사이에 빈 칸을 두는 기능이다.

'문단종료' 문자열이란 텍스트 파일에서 마침표(.), 느낌표(!), 물음표(?), 오른 대괄호(]), 오른 괄호())를 기준으로 다음 문단으로 바뀐다는 뜻이다.

'줄 붙이기'를 체크하면 앞줄의 끝에 공백을 자동으로 두게 되어 마침표 다음에 빈 칸을 매번 입력할 필요가 없어진다.

▶ [목차 설정]

이번엔 목차를 설정하는 과정이다. 전자책의 목차를 지정할 수 있다.

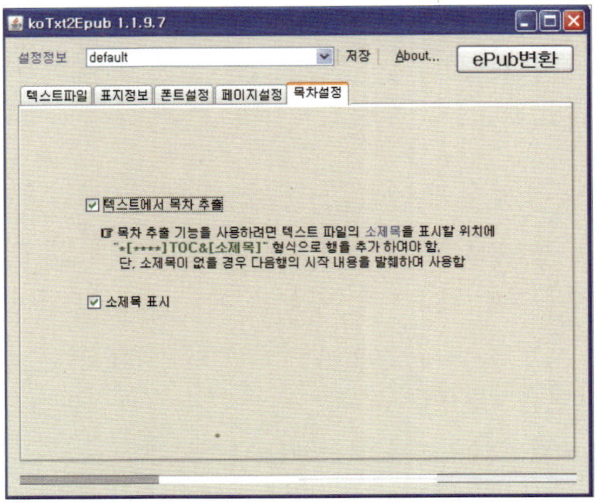

소제목을 표시할 것인지 여부를 결정하고, 텍스트에서 목차를 추출할 것인지 설정하자. 목차 추출 기능을 사용하려면 '소제목'을 표시할 위치에 '행'을 추가해야 한다. '행' 추가 방식은 *[****]TOC&[소제목]과 같다.

4) 표지 만들기

전자책 [표지]를 만들어 보자.

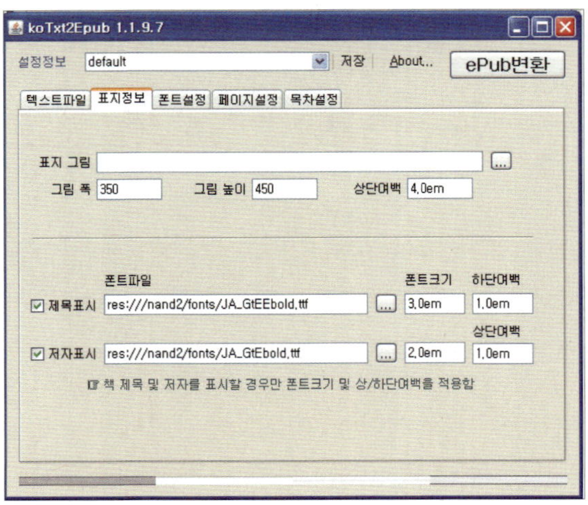

표지로 사용할 이미지는 만들어 둔 파일을 불러와서 적용한다. 그림 폭과 높이, 상단 여백을 설정할 수 있다. 이때, 표지에 표시할 책의 제목과 저자 표시 문구의 설정이 가능한데, 폰트 크기와 하단 여백을 조정하여 표지에 적용할 수 있다.

5) 완성 책

설정이 완료되었다면 [ePub 변환]을 실행해 보자.

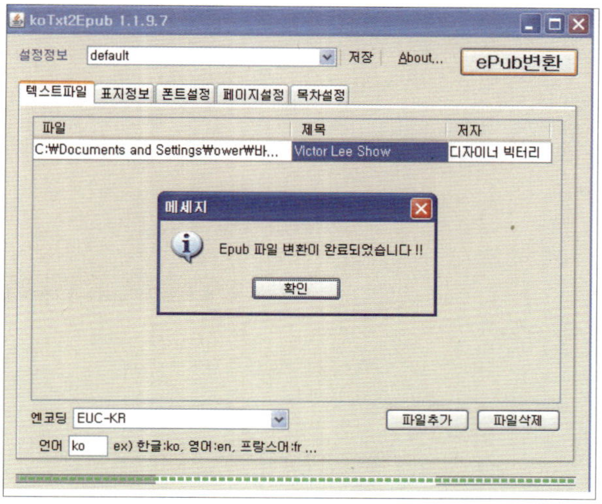

ePub 파일 변환이 완료되었다. 전자책을 확인해 보자. 전자책 생성이 완료된 후에는 [파일삭제]를 눌러서 작업을 종료한다.

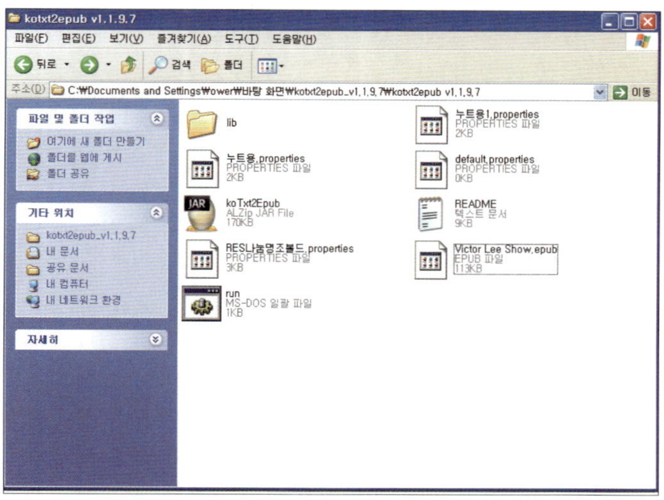

전자책을 만든 후 생성된 ePub 형태의 전자책 파일이 나타났다. 여기서 끝은 아니다. 만든 파일을 아이폰(iPhone)에 넣어 아이북스(iBooks)를 통해 읽을 수 있도록 하자. 물론, ePub 전자책은 아이폰 외에도 다른 전자책 스토어에서 업로드가 가능한 곳도 많다. 직접 만들어서 자신의 아이폰이나 아이패드에 넣고 보관해도 되고, 전자책 스토어에 업로드해서 다른 사람들에게 판매해도 된다.

Tip 아이폰에 전자책 넣기

1. 아이폰에 아이북스(iBooks)를 다운로드 받아둔다.

2. 아이북스(iBooks) 어플을 설치한 아이폰을 컴퓨터와 연결하고 아이튠즈를 실행한다.

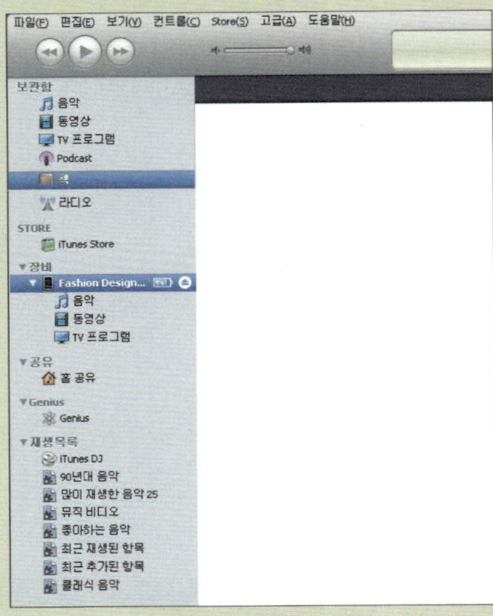

아이튠즈를 실행하면 내 아이폰 폴더가 표시되고 컴퓨터와 아이폰의 동기화가 이뤄진다. 아이패드도 마찬가지다. 이때, [보관함] 메뉴에 있는 [책] 메뉴를 열어서 내가 만든 ePub 전자책을 넣은 후 다시 한 번 더 동기화를 실행시키면 모든 과정이 완료된다.

단, 파일만 옮기는 방식으로 넣어주면 책 표지가 표시되지 않을 수 있으므로 동기화 전에 [책] 폴더에 전자책 파일을 넣은 상태로 마우스를 눌러 [등록정보]를 열어준다. 그리고, [앨범사진] 페이지를 열어서 책 표지로 사용할 이미지를 선택한다. 그리고, 동기화를 실행한다.

아이튠즈에 [책] 폴더에 들어간 전자책은 아이폰, 아이팟, 아이패드에 연결해서 ebook 파일로 보관이 편리하고 언제든 스마트 기기에서 읽을 수도 있다.

물론, PDF 파일 형태도 가능하다. 아이북스(iBooks)를 실행해서 아이폰, 아이패드에 표시되는 전자책을 확인해 보자.

(2) Calibre 사용법

앞서 설명한 koTxt2Epub 프로그램이 전자책을 만들 때 다소 단조로운 기능이 아쉬웠다면 이번엔 영어로 된 전자책 제작 프로그램 Calibre를 알아보자.

1) 설치하기

Calibre 사이트에서 제공하는 무료 다운로드를 통해 컴퓨터에 설치한다.

❶ 자신의 컴퓨터에 해당되는 타입을 골라서 다운로드한다.

출처 : http://www.calibre-ebook.com/download

❷ 윈도우 타입을 선택했다. [Download Calibre]를 누른다.

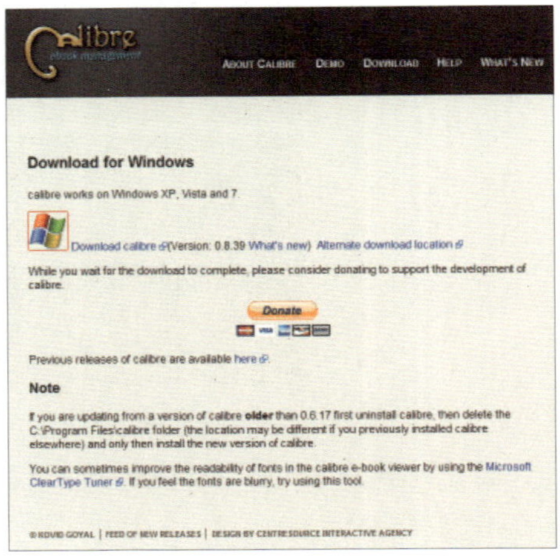

❸ [실행]을 누른다.

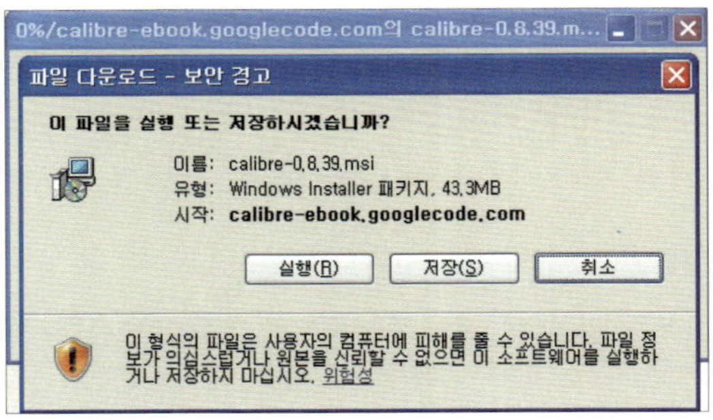

❹ 프로그램 사용 규정에 동의를 체크하고 [인스톨]을 시작한다.

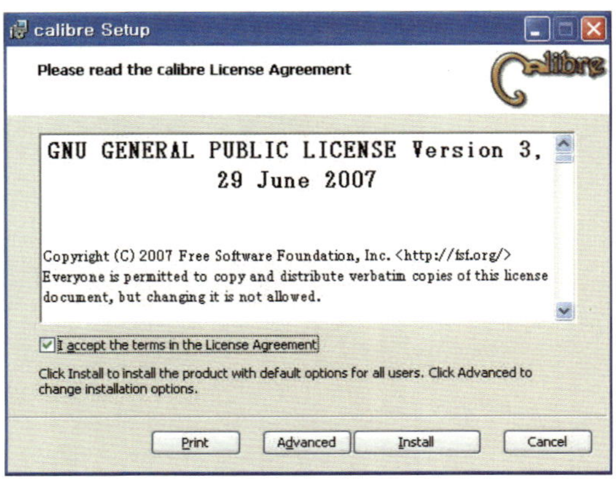

❺ 프로그램을 다운로드 한 후에 폴더가 생겼다. 파일을 실행해 보자.

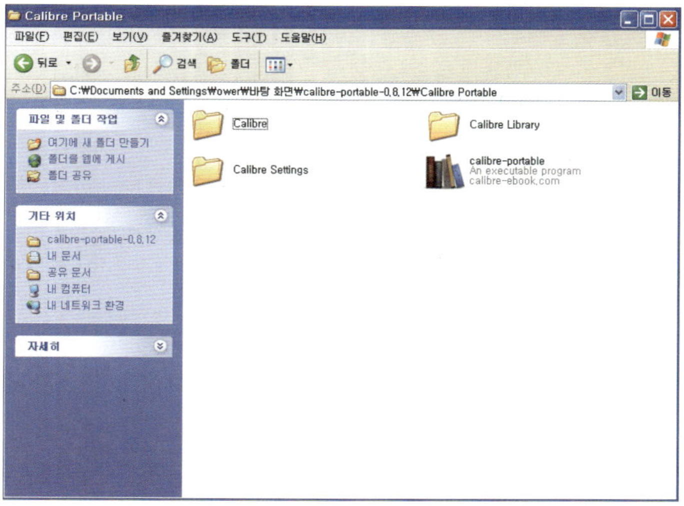

❻ Calibre 설치 과정이 진행된다. 언어를 선택하고 파일을 설치할 폴더를 지정한다. 이 경우 폴더는 반드시 빈 폴더여야 하므로, 적당한 위치에 폴더를 새로 만들어서 지정해도 된다. 준비가 되었다면 [Next]를 누른다.

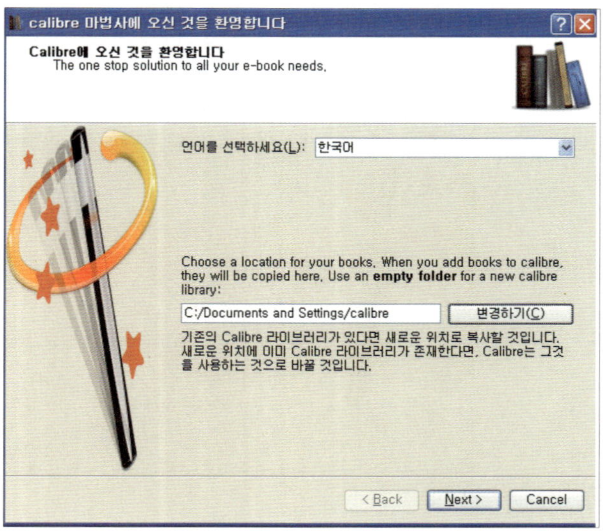

❼ eBook 리더기 종류를 입력하는 과정이다. 가령, 안드로이드 운영체제의 스마트 기기를 사용하려고 할 경우에는 Android, 애플의 아이폰이나 아이패드를

사용할 경우에는 Apple, 그 외에 자신이 사용하는 리더기 종류와 제조사를 설정하면 된다.

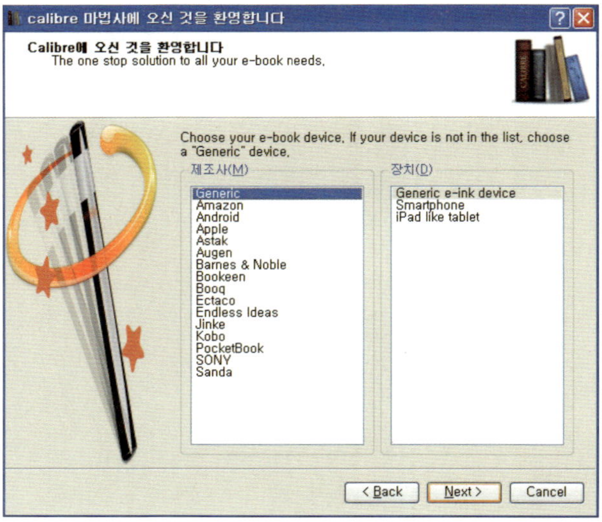

❽ 설치가 완료되었다. [Finish]를 눌러서 마무리한다.

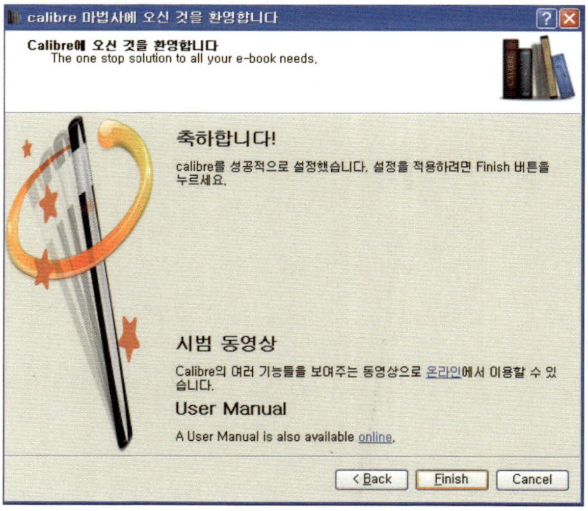

2) 파일 불러오기

Calibre를 실행해 보자.

❶ 프로그램 첫 페이지가 나타났다. [책 추가하기]를 눌러서 파일을 불러오자.

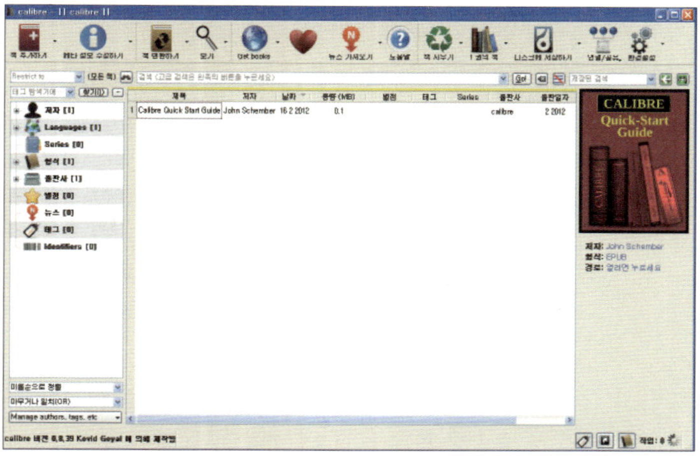

❷ [책 추가하기]는 한 개 이상의 디렉토리에서 파일 형태로 된 책을 가져올 수 있으며, 적용 가능한 파일 형태 중에서 선택할 수 있다. TEXT 파일을 불러오도록해 보자.

❸ 불러온 파일이 표시되었다. 해당 파일을 열려면 파일명을 마우스로 눌러주면 된다.

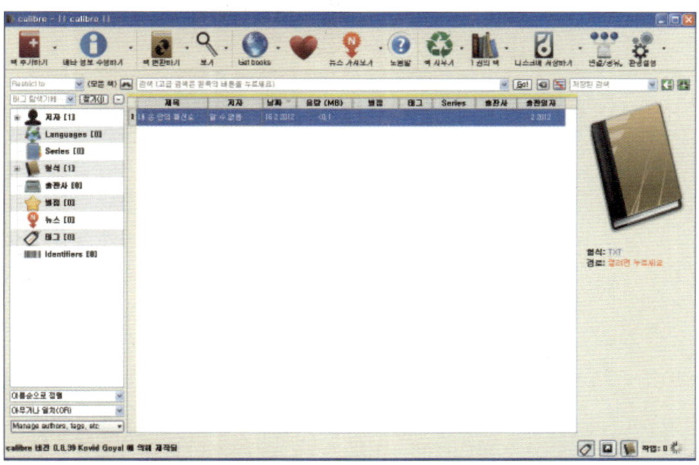

3) 본문 편집하기

불러온 파일을 마우스로 클릭해 주면 파일이 열린다. 이때, 파일명은 임의로 정해지며 해당 파일을 수정하거나 내용을 추가할 수 있다.

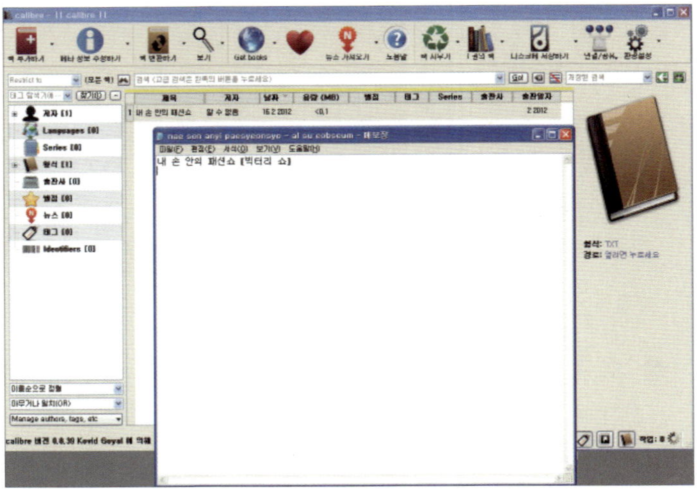

해당 파일은 프로그램 설치 시에 지정해 둔 빈 폴더에 임의의 파일명으로 저장되어 관리할 수 있게 된다. 파일을 다른 형태로 변환해 보도록 하자.

만들려는 전자책 파일의 기본 정보를 설정하고 페이지 설정, 디자인 구성이 가능하다. 또한, TXT 입력과 다른 책 파일 검색 및 교체가 가능하다.

Calibre 프로그램의 [책 변환하기] 메뉴를 실행하고 전자책의 다양한 만들기 기능을 알아보도록 하자. 각 기능에 대해서 익숙해질 때까지 반복적으로 사용해 보기를 추천한다.

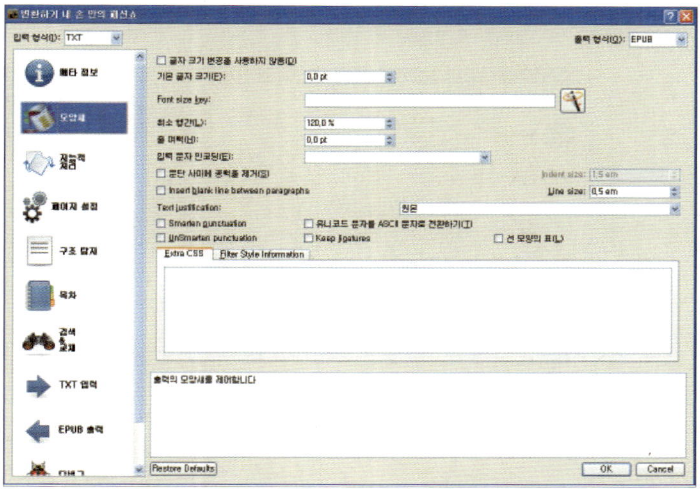

❖ [모양새]

전자책 본문 내용의 디자인 구성을 설정하는 과정이다. 기본 글자 크기를 정하고 폰트 사이즈 킷값을 설정한다. 최소 행간과 줄 여백을 설정하여 가독성에 도움되도록 만든다.

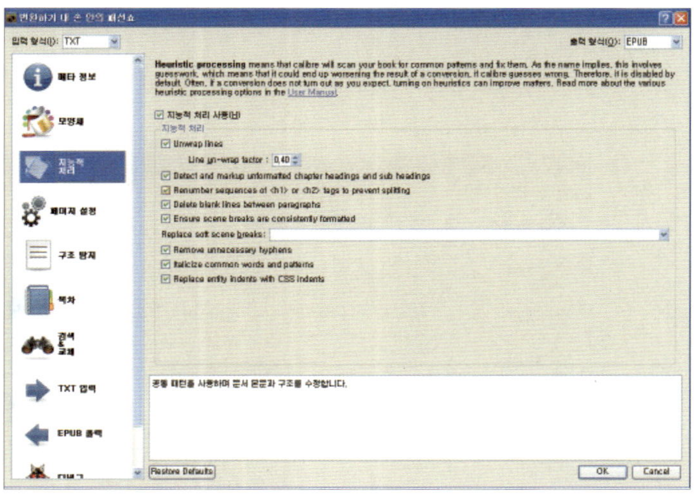

❖ [지능적 처리]

Calibre 프로그램이 책 원고의 윤문, 오탈자, 불필요한 하이픈 연결 등을 체크하는 기능이다. 예를 들어, 한글 워드프로세서를 사용할 때의 경우처럼 비문이나 오탈자를 표시해 주는 기능과 유사하다. 특정한 패턴을 적용하여 문서 본문과 구조를 수정할 수 있다.

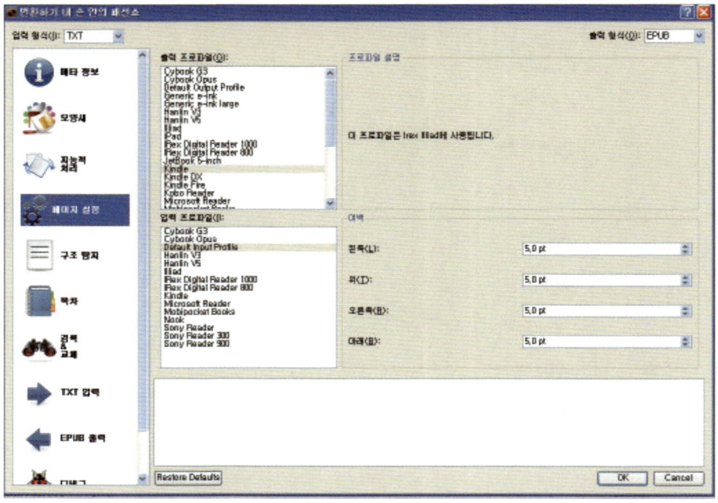

❖ [페이지 설정]

전자책 리더기에 맞게 페이지를 설정해 주는 기능이다. 가령, 아마존의 킨들과 교보문고의 전자책 리더기와는 기기 디스플레이와 화면 사이즈가 다르다. 이에 대해 Calibre는 미리 모든 종류의 전자책 리더기를 등록해 놓고 사용자가 설정하는 리더기에 맞춰 전자책을 만들려는 원고를 페이지 설정해 주는 것이다.

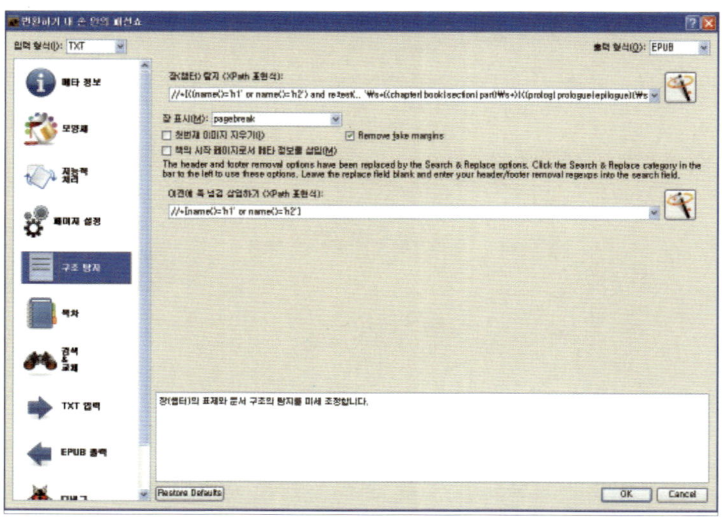

❖ [구조 탐지]

각 챕터의 표제와 문서 구조를 탐지할 때의 방식을 조정하는 기능이다.

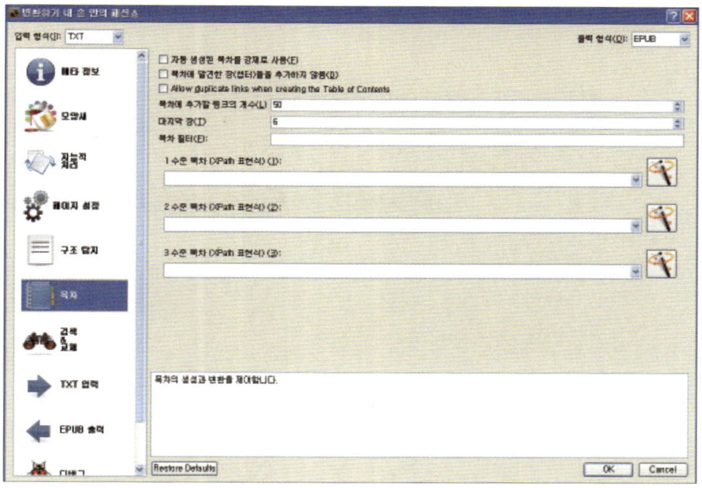

❖ [목차]

전자책 원고의 목차와 변환을 관리하는 기능이다. 위와 같이, 표지 만들기까지 모든 책 정보 입력을 마친 뒤에는 EPUB 출력을 눌러서 책을 변환하도록 한다.

4) 표지 만들기

❶ 책 표지는 사용하고자 하는 이미지 파일을 불러와서 적용한다. 표지를 지정한 후에 [Restore Defaults]를 눌러주면 된다.

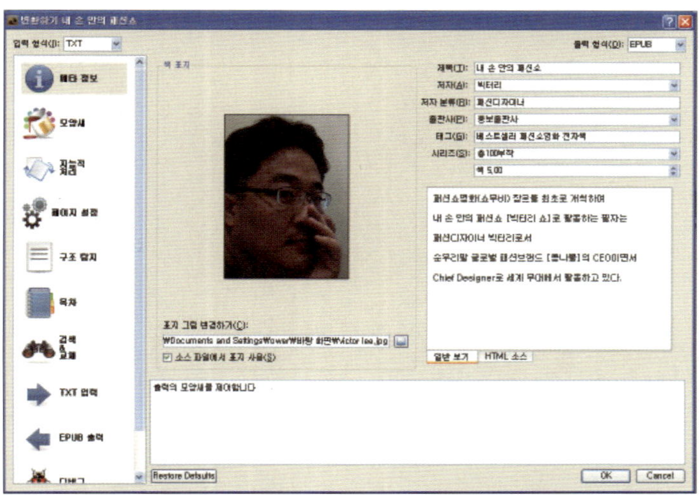

기본 정보를 추가하고, 책 표지까지 새롭게 넣었다. [OK]를 눌러서 완료한다.

❷ Calibre에서 해당 책 파일의 정보가 표시된다.

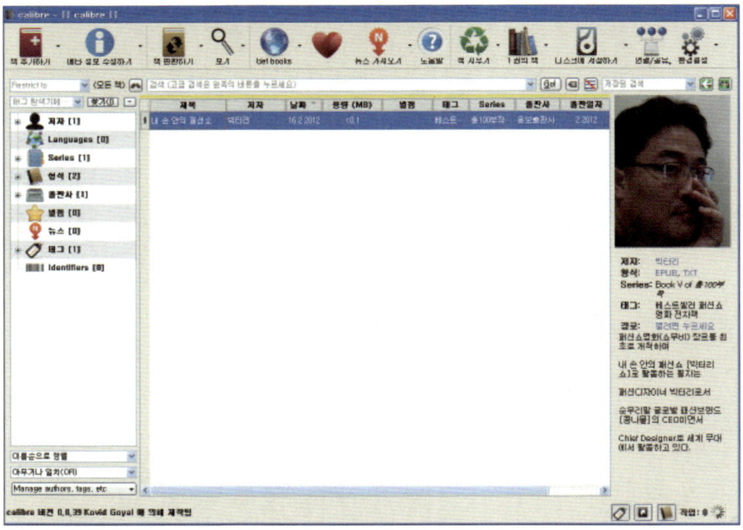

책 표지까지 넣는데 성공한 다음에는 해당 전자책 파일을 보관할 전자책 리더기의 종류를 정해서 그에 맞는 파일 형태로 출력하도록 한다.

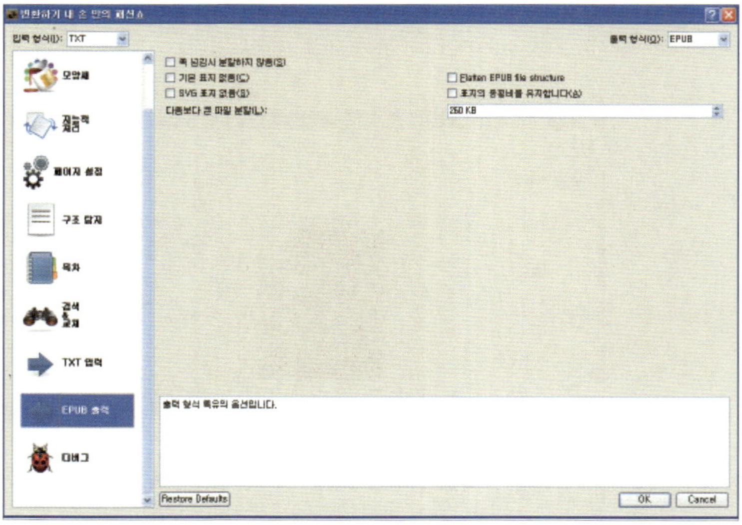

5) 완성 책

Calibre 프로그램으로 만든 전자책을 확인해 보자. 전자책 파일은 앞서 만들었던 빈 폴더에 저장되어 있으며, 서브 폴더들은 전자책 만드는 과정에서 입력하는 저자 정보를 활용하여 이름이 지어진다. 가령, '빅터리'라고 입력하면 폴더 이름은 Bigteori 등으로 표기된다.

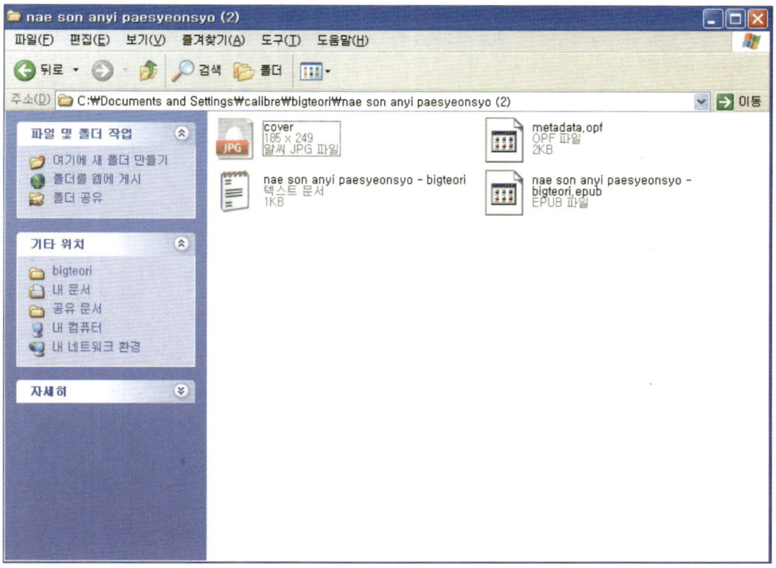

전자책 파일이 생성된 폴더에는 cover 파일로 표기된 책 표지 이미지 파일이 있으며, 생성된 전자책은 '내 손 안의 패션쇼 빅터리'라는 한글 발음을 영어 철자로 옮긴 nae son anyi paesyeonsyo-bigteori.epub 파일로 저장되어 있음을 알 수 있다.

이렇게 만든 전자책은 자신의 전자책 리더기에 넣어 보관할 수 있으며 언제든 기기 안에서 활용 가능하다.

글 나가며

"돈 되는 블로그
블로그를 즐기는 잘 몰랐던 노하우"

예전 기억이 떠오른다. 버스를 타고 가는데, 뒷좌석에 앉았던 남자가 자기 친구와 통화하는 대화를 들었던 경험이 있다. 남자는 자신의 친구에게, 전화기 너머 누군가에게 인터넷에 대해, 블로그에 대해 좋은 정보를 권하는 상황으로 들렸다.

"요즘엔 블로그가 최고야, 블로그를 만들어야 해."

남자의 말은 이랬다. 인터넷에서 홍보를 하려면 블로그란 게 있는데 포털사이트에서 제공하는 블로그 서비스를 통해서 자기 블로그를 만들고, 여기에 글을 쓰면 포털사이트에서 검색이 되므로 제품 홍보나 상품 알리는데 최고로 좋다는 내용이었다.

당시, 필자는 블로그 만들기와 블로그 마케팅에 대해 책을 출간한 직후여서 남자의 이야기를 본의 아니게 엿듣게 되면서 마음속으로 '블로그 전성시대'란 느낌을 받았던 기억이다. 그로부터 시간이 흐르고, 사람들은 블로그를 얘기하는 일은 줄어들었다. 간혹 블로그 관련 대화가 들리긴 하지만 '블로그를 만들어야 한다'는 게 아니라 '블로그로 어떻게 홍보를 할까?'라는 문제가 더 많다.

지하철과 버스, 기차, KTX, 심지어 비행기에서도 요즘 사람들은 바쁘다. 저마다 각자의 손바닥 위에 작고 날렵하게 생긴 기기를 하나씩 들고 다니며 눈이 뚫어져라 쳐다보며 다른 곳에 시선을 두지 않는다. 오로지 자기 손바닥, 자기 일에만 열중하는 모습이다. 도대체 무슨 일일까? 가까이 다가가서 보면 사람들은 자기 손바닥 위에 스마트폰, 태블릿PC 등을 올려두고 뭔가에 빠져 있다.

혼자 웃기도 하고, 자기 손에 들고 있는 기기 위에 손가락으로 연신 바쁘게 뭔가를 두드린다. 카카오톡을 하고, 라인을 하며, 페이스북, 트위터를 한다. 실시간으로 손바닥 위에서 누군가와 대화를 하는 사람들 모습이었다.

생각해 보자. 앞서 버스 안에서 전화를 하며 블로그를 만들어야 한다고 강조하던 그 남자와 지금의 사람들 중에서 변화된 모습이 있다. 한 마디로 정의하자면 '손 안으로 들어온 블로그' 즉 다시 말해서 전화기 안으로 들어온 블로그 기능이다. 사람들이 자기 손바닥 위에서 블로그를 들고 다니며 사람들과 소통하고 있다.

블로그를 통해서 정보를 얻고 댓글을 달며 블로거와 소통하던 사람들이 이제 낯선 누군가와도 서슴없이 친구가 되고 대화를 나눈다. 같은 인터넷 카페 회원이라면 언제든 서로 만나서 예전부터 알고 지내던 사람인 것처럼 인사하고 친해진다. 실제 이름보다도 블로거 명칭이나 카페 닉네임이 더 자연스러운 상황이다. 사람들은 상상할 수 없이 빠른 속도로 디지털화가 되어 있다.

도대체 요즘 어떤 일이 벌어지고 있으며 사람들은 어디로 가고 있는 걸까?

❶ 사람들은 돈을 절약한다고 생각한다. 문자 메시지를 아끼기 위해 카카오톡이나 트위터, 페이스북, 스카이프라는 인터넷 기반 단문 전송 서비스를 사용한다. 실시간으로 소통하고 대화를 나누며 약속을 정하고, 친구를 만난다. 명절 인사와 생일 축하, 각종 기념일 기억도 트위터에서, 인터넷에서 대신한다. 사람들은 절약했다고 좋아한다. 문자 메시지 사용료를 줄였다고 생각한다.

▶ 그러나, 사람들은 문자 메시지 요금을 아끼기 위해 그 비싼 스마트 기기를 구입했다는 사실을 잊은체, 차도를 걸을 때도, 버스를 타고 가거나 신호등 교차로 앞에서 안전하게 차도를 건너야 할 때도 스마트 기기를 손에서 내려놓지 않는다. 심지어 침대 위에서 잠자기 전까지 스마트폰으로 놀다가 자기도 모르게 얼굴로 떨어뜨려 다치는 일도 자주 생긴다. 문자 메시지 이용료보다 자신의 시간 낭비 비용이 더 크다는 것, 스마트폰 가격이 훨씬 비싸다는 걸 깨닫지 못하는 사람들이다.

❷ 사람들은 블로그로 돈을 번다고 생각한다. 소셜커머스를 통해 반값 할인 상품을 구매했다고 생각하며 돈을 아꼈다고 자부심을 갖는다. 스마트폰에서 상품을 구매하며 모바일 쿠폰을 활용해서 돈을 절약했다고 여긴다. 예전엔 이메일 확인하려면 컴퓨터 앞에 앉아야 했고, 문서작성이라도 하려면 사무실에 다시 들어가야 했는데 이젠 언제, 어디에서나 손 안에서 움직이며 일이 가능하다고 생각한다. 시간을 절약할 수 있으므로 결국 돈을 번 셈이라고 생각한다.

▶ 그러나, 사람들은 시간을 절약한 만큼 더 많은 일이 늘어난 걸 모른다. 돈을 절약하는 만큼

더 많은 시간을 낭비하고 있다는 걸 모른다. 스마트 기기로 삶이 여유로워지고 편안해진 게 아니라 더 바빠지고 더 불안해진 걸 깨닫는데 오래 걸린다. 스마트폰이 없으면 뭘 해야 할지 불안해한다. 지하철을 탈 때 스마트폰이 없는 상황은 생각할 수도 없다고 여긴다. 사람들이 게임을 하고, 인터넷을 보는 모습을 보며 스마트폰을 안 갖고 나온 걸 후회한다. 스마트폰이 없는 사람은 다른 사람들이 저마다 자기들 손만 집중하는 걸 보고 자신도 다음 전화기는 스마트폰으로 바꿔야겠다고 여긴다.

❸ 영화를 보러 굳이 극장에 가지 않는다. 드라마를 보러 반드시 TV 앞에 앉을 필요는 없다고 여긴다. 영화나 드라마를 다운로드 받아서 스마트 기기 안에 넣고, 시간이 날 때, 오랜 시간 이동하는 차량 안에서 볼 수 있다고 생각한다. 굳이 시간 빼앗기며 극장에 갈 필요도 없고 TV 드라마 보러 시간 맞춰 귀가할 필요도 없다고 여긴다. 영화는 제작비가 많이 들어간 대작일 경우에만 큰 스크린으로 봐야할 영화라고 소문났을 때만 극장에 간다. 드라마는 자기 좋아하는 배우가 나왔을 때만 다운로드 받아서 나중에라도 챙겨본다.

▶ TV 시청률이 의미가 없어졌다. 사람들은 이제 드라마를 보기 위해 TV 앞에 앉아서 TV광고를 보며 기다리지 않는다. 인터넷에서 드라마를 다운로드 받고 스마트 기기를 통해 지하철에서, 버스 안에서 자리를 옮겨가면서라도 시간이 짬 날 때마다 시청한다. 불필요한 광고는 없어진지 오래이다. 영화를 볼 때도 스마트 기기로 인터넷을 접속해서 극장표를 예약하고, 관람후기를 꼼꼼히 살펴서 '시간낭비하지 않을 작품'만 골라서 본다. 스마트 기기를 사용하는 자신은 어느 누구보다도 스마트하다고 여긴다.

❹ 위에서 언급한 세 가지 일들이 모두 블로그를 통해 이뤄진다. 미니 블로그를 통해 실시간 소통하며 문자 메시지를 사용하지 않으며, 블로거의 정보를 통해 소셜커머스에 나선다. 블로거가 올린 영화평을 보고 극장을 찾게 되고 블로거들이 얘기하는 드라마 시청소감을 보고 '재미있겠는데?'라고 생각한다. 손바닥 위에 블로그가 들어온 이후 사람들의 삶이 바뀌었다. 트위터를 통해서 실시간으로 현장 영상을 구경하고, 세계 곳곳의 거리 영상도 시청 가능하며, 런던, 파리, 동경, 밀라노의 거리 패션도 손 위에서 구경 가능하다. 세상 곳곳의 블로거들이 자신의 정보를 인터넷에 올리고 다른 사람들과 소통하는 덕분이다.

▶ 이제 블로거들에게 수익이 지급된다. 인기 블로거 중 누구는 연간 10억 원이 넘는 매출을 올리며, 손 위에 올라온 블로그를 통해 세상 정보를 중개하고 얻는 수수료 수익이 짭짤하다. 블로거가 인터넷 세상의 주도 역할을 담당하면서 블로거들이 빠르게 움직이는 중이다.

블로거와 블로그가 동영상으로 준비해야 할 시대가 되었다. 스마트폰으로 현장 영상, 식당 사진, 음식 사진과 거리 풍경을 촬영해서 세계 사람들과 공유하는 시대에 살고 있다. 기업이나 사람들은 자신의 상품을 홍보하기 위해 반드시 블로거를 찾을 것이며, 블로거들은 인터넷 세상의 정보 전달자로서 중계자 역할을 톡톡히 담당하고 있다.

사람들은 영화와 드라마를 내 손 위에 극장을 통해 시청하고 있다. 상품 쇼핑을 손 위에서 하고 있다. 인터넷 검색을 손 위에서 하고 있다. 그 모든 소비를 연결하는 사람들이 바로 블로거가 되었다. 블로거들의 전문 정보와 실시간 영상이 있어야만 사람들이 움직이고 반응하기 때문이다.

블로거들은 그동안 텍스트 위주 정보에 집중했다. 그러나, 스마트 기기가 출현하면서 동영상 정보가 유통되는 시대가 되었다. 외국 어느 나라에서 소요사태가 일어나면 스마트 기기 안에서 영상을 보고 트위터를 나누며 해결 방법에 대해 의견을 나눈다. 텍스트와 동영상이 혼용되어 소비되는 시대라는 뜻이다.

세상의 블로그는 컴퓨터에서 손바닥 위로 들어왔고, 콘텐츠 정보는 텍스트에서 이미지와 영상으로 옮겨오는 중이다. 상품 정보 소개글만 보고 쇼핑하지 않고, 상품을 직접 촬영한 영상이 있어야 신뢰를 할 수 있는 시대가 되었다.

무엇보다도 중요한 것은 블로거들이 경제 분야에서 하나의 주체로 본격 등장을 하기 시작했다는 점이다. 정보 유통자이자 정보 생산자로서 대중과 호흡하는 블로그, 블로거들이 앞으로 더욱 많아질 것이므로, 진입장벽이 없는 블로그 분야에 가장 효과적인 분석 방법과 미래를 제시하는 이 책 [돈 되는 블로그]가 그래서 필요하다.

파워 블로거의 블로그 운영 고급 노하우

돈 되는 블로그

인쇄 : 2012년 5월 10일
발행 : 2012년 5월 15일

지은이 : 이 영 호
펴낸이 : 정 병 국

펴낸데 : 웅보출판사
주소 : 서울시 마포구 성산동 260-34
전화 : (02) 326-1497
팩스 : (02) 326-1843

등록번호 : 2-1033호
등록일 : 1991년 5월 30일

홈페이지 : www.woongbo.co.kr
ISBN : 978-89-8462-341-5

값 : 12,500원